まらず、「投資」「資産運用」「健康」「食事」「ダイエット」「家族」「夫婦」「趣味」「読書」「テクノロジー」「哲学」「マネジメント」「教育」など多岐に渡ることになると思います。

各分野の専門家を交えながら、仲間と考え、学び、楽しみながら活動をすることを目指します。そうすることで、人生をよりよいものにできると確信しています。

同じ方向性を向きながら、多様性を受け入れて人生の幅を広げたい、そんな理想を実現させたいと思っています。そのため、特定の個人が主体になるのでなく、運営メンバー、賛同くださる仲間たちみんなが主体になる場、一人ひとりがコミュニティーを彩っていくことを理想とし、活動する場として育てていきたいと思っています。

準備が整い次第、ご案内させていただきますので、ご興味のある方は、以下からご連絡先をご登録ください。

https://cm-group.jp/LP/40629/

令和三年十月　自宅にて

藤井孝一

従業員エンゲージメントを
仕組み化する

スキルマネジメント

SKILLS
MANAGEMENT
FOR A NEW ERA

中塚 敏明
TOSHIAKI NAKATSUKA

クロスメディア・パブリッシング

プロローグ

人材難をどう乗り越えるか？

昇給したにもかかわらず退職を決めた社員

「どうして僕の給料が上がったんですか！」

社員から予想外の言葉を返されたのは、2015年の秋のことでした。社長面談の最中に、入社2年目の一般社員が、目に涙を浮かべて私に詰めよったのです。

（給料が上がったのに、何が不満なんだろう？）

私としては、派遣先でお客様からの評価が高い彼の働きぶりに、目に見える形で報いたつもりでした。しかし、本人は「そもそも会社の方向性がわからないし、自分が昇給した理由にも納得できない」と、抗議したのです。

結局彼は昇給した数ヵ月後に、会社を去りました。

今の自分なら、彼が何を訴えたかったのかがわかります。

けれども、当時は創業から5期目で、3名からスタートした会社は社員数50名を超え、会社は組織としての大きな転換期を迎えていました。

私自身もプレイングマネジャーから経営者への転身を図ったばかりで、社員の意識までには、考えをめぐらせる余裕がなかったのです。

実体験から生まれた組織の成長を最大化するマネジメント

私は、通信インフラ設備に特化したネットワークインテグレーターの会社と、人材マネジメントシステムの導入と運用のコンサルティングサービスを提供する会社の経営者です。

2000年の新卒時代から、これまで20年以上にわたり法人ネットワークの設計、構築、ネットワークエンジニアの派遣・SES（システム・エンジニアリング・サービス）や、技術研修サービスを通して、ITインフラを支える仕事に従事してきました。

IT業界では昔も今も、「人材不足」の課題を抱えています。

慢性的な技術者の不足により、どこの会社でも現場マネジャーの業務は増える一方です。

新入社員が入社しても、仕事を教える役目を担う人員と時間の確保が難しく、新人を養成する暇もない。同業他社からは、そんな話もよく耳に入ります。

本書を手に取られた方のなかにも、入社したばかりの社員が、スキルを習得する前に辞めていく現状を変えようとしている、マネジャー、人事担当者、経営者の方がいるのではないでしょうか。

企業が成長する過程では、社員の離職や売上の停滞といった課題が次々と現れます。

私は、それらの課題と向き合うなかで、人に依存しすぎない組織のあり方の重要性に気づきました。

本書には、組織の成長を最大化する新たなマネジメントの概念、スキルマネジメントと、スキルマネジメントにもとづく、システムを活用した組織改善の全貌が綴られています。

本章へ入る前にここでは、スキルマネジメントが誕生した経緯と、システム運用後の人と組織の変化について、当社の歩みを振り返りながら説明していきます。

急激な組織の拡大によるひずみ、離職率が40%を超過

給料アップに抗議するかのように社員が辞めた後も、当社は業務の拡大に伴う人手不足解消のため、積極的に採用活動を続けていました。

ところが、いくら新人を採用しても数ヵ月後には退職してしまい、定着までには至りません。27名を採用して22名が退職、残るのは5名という悲惨な事態も起こりました。

その後も社員の流出が止まらず、２０１７年には離職率は40%を超過しました。1ヵ月に数名ずつが、職場を去る計算になります。

現場のマネジャーからは、「皆すぐに辞めてしまう、これでは教え損だ」と、嘆き声が上がるようになりました。私は退職予定者の連絡が届く月末近くになるたびに、憂鬱な気持ちに沈み込んでいました。

このままではいけない、でも何から手をつけたらいいのかわからない……。

２０１４年頃から人事評価制度の構築を始めていましたが、会社は軌道にのるどころか、かえって社員の離職率の急増という結果を招いていました。以前の面談での経験からも、単に給料を上げるような小手先のやり方では、社員の育成や定着を望めないのは明らかでした。

組織が崩れかけている原因を突き止められずに悩む私のもとへ、ある日１本の営業電話がかかります。

それは、リンクアンドモチベーション社からの、従業員エンゲージメントを測定する、エンゲージメント・サーベイ（アンケートで組織の状態を可視化・分析する調査）の案内でした。

組織の現状をデータで可視化する

最近よく見聞きする「従業員エンゲージメント（またはエンゲージメント）」とは、「企業と従業員の相互理解や従業員の自社への貢献意欲」を表します。エンゲージメント・サーベイは、企業と従業員の関係性をデータで可視化して測定する、いわば「企業の健康診断」です。

もうやるしかないと決意した私は、リンクアンドモチベーション社のデジタルツールを自社へ導入し、全社員を対象に調査を実施しました。

会社の現状を直視するのは怖い。でも、どこに問題があるのかを具体的に把握しないことには組織の課題は改善のしようがない、と腹をくくったのです。

２０１６年12月、最初に計測したエンゲージメント・サーベイでの、エンゲージメント・スコア（組織偏差値）は47・8でした。

エンゲージメント・スコアは、企業の偏差値にあたります。大学の偏差値のように、調査を実施した全企業の中央値を50とみなし、従業員の期待と満足度の差で算出されます。あるべき姿と現状との差が小さくなるほど、スコアが高くなる仕組みです。

ここで判明したのが、会社の制度・待遇に対する社員の強い不満でした。人事評価制度における公平性、透明性、納得性への不信感が、数値化したデータに表れていたのです。

可視化したデータをもとに人事評価制度を抜本的に改善

とにかく社員の不信感を解消しなければと考え、まずは、人事評価制度を抜本的に見直したのです。会社の方向性を示す、経営計画とミッション・ビジョン・バリュー、これらを体現する行動指針を定め、人事評価制度に組み込みました。

給与についても、会社の経営状況に見合った賃金テーブルを再設計し、社員へ公開しました。人事評価制度と賃金テーブルを連動させて、昇給・昇格を誰もが理解できる仕組みを整えたのです。

人事評価制度を整える一方で、社員間のコミュニケーションを深める施策も打ちました。ＩＴ派遣・ＳＥＳ事業の特性上、企業に常駐する社員と上司との関係性は希薄になりやすいため、人事評価面談などを増やし、お互いが信頼関係を構築できるように後押ししたのです。

半年ごとに測定する、エンゲージメント診断のフィードバックを確認しながら、経営目標、人事評価制度、社員間でのコミュニケーション改善を進めていきました。

改善が身を結び、エンゲージメント・スコアが67・9に上昇

２０１６年から始めた社内改革が実を結び、当初47・8だった社員全体のエンゲージメント・スコアは、２０１８年には中央値の50を超えました。さらに、２０１９年12月には、

67・9に上昇しました。

この間従業員から寄せられた、給与や住宅手当などへの要望は叶えられませんでしたが、それでも、スコアは跳ね上がったのです。

たとえ待遇を改善できなくても、会社の方向性と評価制度への納得感を醸成できれば、社員はついてきてくれる。

この点に気づけたことは、私にとって非常に意味がありました。

会社の強み診断でも、従業員への支援行動が、長所にランクインするようになりました。上司がフラットに部下の話を傾聴して、困った時には助ける姿勢が、高スコアにつながったと思われます。

一般社員からの不満の声は消え、社員全体では離職率も25%に低下しました。エンゲージメント・スコアの上昇と比例して、組織の安定も徐々に感じられるようになっていました。

新たに浮かぶ組織の課題「マネジャーの寄り添い疲れ」

しかし、社内の雰囲気は良くなったものの、会社の業績は経営目標には及びません。2017年から2018年にかけて、社員の平均単価、売上の伸び悩む時期が続くようになりました。

ちょうどその頃、社員全体での離職率低下と逆行するように、ミドル層の役職にあたる、マネジャーの離職が目立ち始めました。

2018年のフロントマネジャーに絞ったエンゲージメント・スコアでは、2016年のサーベイ開始時には50だったスコアが、一気に27・6へ急降下しました。そこから浮かび上がったのは、部下への寄り添いで疲弊しきった、現場マネジャーの姿です。

一般社員への支援をするかたわら、自らもプレイングマネジャーとして働く現場マネジャーの業務は、エンゲージメント・サーベイの導入前よりも倍増していました。

長時間労働と休みの減少、それに加え、心理的圧迫感が重なり、モチベーションの低下したマネジャー層の会社離れが加速していたのです。

当社は、それまで成功していた、エンゲージメントの診断にもとづく組織改善方法では越えられない、第2の壁にぶち当たっていました。

「寄り添い疲れ」からの脱却のカギは人を育てる「仕組みづくり」

管理職を寄り添い疲れから解放し、一般社員を自力で仕事を回せるレベルへ導くには、組織に所属する人を変えるのではなく、仕組みを変えなければならない。

悩んだ末に、社員の役職ごとに求める成果目標の再設計に着手します。改めて各役職の役割と昇格条件を、より明確に定めて全社員へ情報公開を行いました。

これにより、個々の社員に目的意識が生まれ、キャリア形成への関心も高まりました。上の役職を目指す若手社員も増え、各自の仕事へのやる気に弾みがついたのです。

社員全体の仕事に対するモチベーションの上昇に勇気づけられ、私は管理職と一般社員、それぞれの不安や悩みの解消に乗り出します。

マネジャーを、部下への寄り添い疲れから解放し、社員が自力で仕事を回せるようにするには、やはり各自が自分で実行できる、仕事の仕組みを構築すべきではないか。

そこで閃いたのが、上司が行うマイクロマネジメントを部下本人のセルフマネジメントに任せる、スキルマネジメントです。

スキルマネジメントとは、当社が提唱する、組織の最大化を実現するマネジメント手法です。その特徴は、個々の社員が自己完結でスキルを管理して、仕組みでPDCAを推進する「人」と「システム」による分業スタイルです。

私は、セルフマネジメントによる、能力開発を推進するシステムを設計して自社へ導入しました。主に若手社員や新入社員を対象とした「社会人基礎力」の強化に取り組んだところ、社員間での業務・責任の線引きがより明確になり、各社員の行動および心境には変化がみられました。

「人」と「システム」によるマネジメント

マネジャーは、経験の浅い部下への指導が激減し、余分な支援業務から解放されました。本来の業務に集中する時間と気持ちの余裕が生まれ、より生産的な仕事や、部下の意欲を後押しする支援にも目が行くようになりました。

一般社員も、職場でのルール・行動指針や、社会人基礎力を土台とした技術スキルの個別確認・学習で不安が減り、落ち着いた気持ちで業務にのぞめるようになりました。

社員全体のスキルが底上げされた結果、お客様からのクレームが寄せられなくなるという、嬉しい効果もついてきました。

システム導入によるセルフマネジメントの実践により、上司は部下の行動や進捗を確認する手間が省け、部下は「やらされている感」を感じずに、自分主体で仕事と向き合うようになったのです。

社員の誰もが、無駄に悩まず、迷わず、心に不安やガラクタを抱え込まずに、仕事にやりがいを感じて成長し続けられる。

そんなプラスの連鎖が、社内で生まれたのです。

崖っぷちからの逆転。離職率10％未満、組織偏差値70超を達成

スキルマネジメント導入の成果は、エンゲージメント・スコアにも反映していました。

人事評価制度の再設計とスキルマネジメントの運用後に行ったエンゲージメント・サーベイでは、プレイングマネジャーのスコアは、2018年の27・6から2019年には54・3までに回復。2022年の時点では75・6と、驚異的な数値をたたき出します。組織偏差値を表す社員全体のスコアでも2019年の67・9から、2022年には同規模企業内の上位2％しか到達しない、70％を超える躍進をみせました。

行動面の診断では、弱みとなる項目が全て消えました。強みの項目には、新たに会社の目標となる理念戦略や、研修制度の充実などの制度待遇が現れました。

この結果は、会社の方向性と社員の想いの一致と、社員の環境に対する満足感の高まりと成長意欲を物語っています。

さらに、従業員満足度の大幅な上昇は、会社の実績にも直結しました。

離職率は41・5％から4・5％へと大幅に減少。これにより各種ＫＰＩ（中間目標）、売上の収支も、改善したのです。

スキルマネジメントによって社員の意識改革が進んだだけではなく、会社そのものが、成長意欲の高い組織へと変貌を遂げたのでした。

スキルマネジメントで、「人」と組織が甦る

ここまでお読みになって「他人事ではない」と、感じられた方もいるのではないでしょうか。なぜなら、当社が抱えていた課題は特別ではなく、日本の中小企業に共通するものだからです。

冒頭で述べたように、少子高齢化を迎えた今、多くの企業は人員不足と従業員の離職に苦しんでいます。その一方で、仕事で必要なレベルに能力が達しない社員も増えており、かといって教育する暇もなく、会社側と本人とが不本意な状況に置かれる状況も稀ではありません。

採用担当者やマネジャーが発する「人がいない」の言葉には、部署の構成人数に過不足はなくとも、「即戦力となる人材がいない」という意味も、込められているのではないでしょうか。

形骸化したとはいえ、日本の企業には終身雇用制度が存在しています。欧米の能力主義とは異なる、一度雇い入れた社員を簡単には解雇しない日本式の経営も、悩みを複雑にし

ています。

けれども、日本の企業文化ともいえる「人を育てる」を、時流に合った新しい手法で行えば、課題は解消するのです。

スキルマネジメントなら、社員全員の戦力化も夢ではありません。

私は当社での実績からも、社員の一人ひとりが、自ら考え、行動することで、これらの課題を乗り越えられると信じています。

各自が仕事へのやりがいを感じ、主体的に業務に打ち込み、社員の成長とともに会社の業績も伸びていく。ひいてはそれが、日本のGDPを上げる取り組みへと発展する——。

このような循環が生まれると、社会も変わるのではないでしょうか。壮大な話となりましたが、私はスキルマネジメントで日本の人材育成の底上げをしたいと考えています。

本書には、組織改善・組織改革を志す、経営者、管理職、現場マネジャーの方々が実行可能な再現性のある施策や、考え方のヒントを盛り込んであります。

・社員の帰属意識を高めたいが、何から取り組んでよいか、効果的な方法がわからない
・社員とのコミュニケーションの希薄化を防ぎたいが、具体的な施策に及ばない
・社員が納得する人事評価制度を設計したいが、評価項目数が多く最適解がわからない
・ミッション・ビジョン・バリューを社員に示したいが、創作する方法がわからない
・従業員エンゲージメント、心理的安全性、パーパスなど、組織構築に関するキーワードの深い理解が得られていない
・プロジェクト内のＯＪＴで、リーダーが部下育成に疲弊している
・部下支援のために１on１を導入したが、不満や要求ばかりで逆効果になっている
・若手社員に成長環境を提供したいが、予算が確保できずに取り組めていない

このような課題に突き当たった方々の現状突破に、スキルマネジメントがお役に立てば、私にとってこれ以上の喜びはありません。

中塚　敏明

第1章

従業員エンゲージメントを高める新たな戦略とは

第2章

スキルマネジメントが能力開発の危機を救う

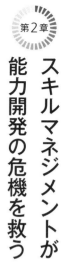

第3章

人事評価制度の限界とスキルマネジメントとの融合

第4章

ミッション・ビジョン・バリューの浸透もスキルマネジメントが有効

カバーデザイン	齋藤稔（G-RAM）
DTP	安井智弘
イラスト	PIXTA（ピクスタ）

第1章

従業員エンゲージメントを高める新たな戦略とは

従業員エンゲージメントが再注目

日本の企業は、エンゲージメントに再注目しています。新聞やニュースの記事などで、「エンゲージメント」という言葉を、よく見聞きする方もいるのではないでしょうか。

ここで話題となるエンゲージメントとは、簡単に表すと「従業員の会社への貢献意欲や、やる気」を指します。以下のような理由から、近年注目を集めるようになりました。

ひとつは、従業員のエンゲージメント向上による、離職率の低下、売上・利益の増加、労働生産性の向上、顧客満足度の上昇などが挙げられます。

エンゲージメントと企業の業績向上との相関性が、調査データにより判明したのです。

これにより大企業を中心に、従業員満足度調査に代わり、エンゲージメント・サーベイの導入に踏み切る企業が増えてきました。２０００年代に海外から日本に導入されたエンゲージメントの概念が、再び脚光を浴びるようになったのです。

もうひとつ忘れてはならない理由に、ＳＤＧｓと人的資本の観点にもとづく、世界的なエンゲージメントへの関心の高まりがあります。

SDGsの目標、「8 働きがいも経済成長も」の達成には、従業員の自己実現と、企業の発展とが連動した経営戦略が求められます。それには、エンゲージメント・サーベイで明らかになる、企業と従業員の意識の齟齬や、職場環境の整備の必要性といった、課題の「見える化」が不可欠なのです。

同じく目標「4 質の高い教育をみんなに」の19項目には、人材育成のキーワードとして、リーダーシップ・スキル・人材維持に並び、エンゲージメントが登場します。人材の価値を最大限に引き出すには、企業と従業員一人ひとりの、エンゲージメントにコミットする姿勢が問われていくのは間違いないでしょう。

国内外を問わず注目を集めるエンゲージメントの果たす役割は、企業内での共有と活用にとどまりません。

海外では日本に先行する形で、株主などの第三者が経営状態の健全性と将来性を判断する材料として、エンゲージメントの指標を外部へ公開する動きが広がっています。

アメリカでは2020年に米国証券取引委員会（SEC）先導のもと、上場企業への人的資本の情報開示が義務づけられました。日本でも上場企業を対象に、エンゲージメントをはじめ、経営情報の開示を義務づける流れが加速しています。

ところが、注目度とは裏腹に、日本企業における従業員のエンゲージメントは、決して高くはありません。

アメリカのコンサルティング会社、コーン・フェリーが、2020年に世界の23ヵ国を対象に行ったエンゲージメント調査によると、日本のエンゲージメント・スコアは56％で最も低い数値を示しました。

世界平均の66％を10％も下回るデータは、世界最低水準です。諸外国の従業員と比べ、日本の従業員の会社への貢献意欲が劣るとある検証データからは、日本における人と組織の絆の弱さが読み取れます。このような状況に、私は危機感を覚えています。

日本企業で終身雇用が保証されていた2000年以前であれば、経営陣が、個人の仕事へのやりがいや貢献意識などに注意を払わなくても、人材の流出にはつながりませんでした。

けれども、団塊世代の高齢化と引退や、価値観の多様化が進む現在では、エンゲージメントの低さを放置しておけば、企業側にとってマイナス要因になります。なぜなら、仕事に意義を見出せない環境におかれた若手社員は、昔とは違い、ためらわずに職場を去っていくからです。

若者の早期離職を防ぎ、効果的な人材育成を行うために、いかにして従業員のエンゲージメントを高めていくか。

企業は、後回しにしてきた重い課題と、正面から向き合う時を迎えているのではないでしょうか。

従業員エンゲージメントと従業員満足度の違い

ところで、皆さんは従業員エンゲージメントと、従業員満足度（ＥＳ）の違いを説明できるでしょうか。この２つを何となく区別している方も、案外多いかもしれませんね。

かく言う私も、エンゲージメント・サーベイをもとに組織改善に取り組みはじめた頃には、これらの違いをわかっていませんでした。

従業員エンゲージメントと従業員満足度は、どちらも従業員への意識調査で用いられる、調査の指標となる概念です。
ともすれば混同しがちな2つの概念について、『日本企業がエンゲージメント経営を実践する5つの要諦（DIAMONDハーバード・ビジネス・レビュー論文）』（岡田恵子、吉田由紀子ほか　ダイヤモンド社　2020）を読み解きながら確認してみましょう。

外資系コンサルティング会社、ウイリス・タワーズワトソン調べでは、従業員意識調査の始まりは、1920年代頃のアメリカとされています。それ以来1980年代まで、従業員意識調査における主流のサーベイ（組織の調査）は、従業員満足度調査とみなされていました。

しかし、1990年頃より従業員に向けて実施されるサーベイは、従業員エンゲージメント調査へ移行します。その背景には、従業員を「資産」から「投資家」とみなす、経営者側の意識転換がありました。

別の背景としては、従業員満足度の上昇と企業の業績アップとの、明確な関連性が検証されなかった事実が挙げられます。多額の資金を投入して調査をしても、予想を下回る結果しか得られない費用対比効果の悪さに、経営者側が落胆したのです。これらの理由から、近年では従業員満足度調査の進化系ともいえる、従業員エンゲージメント調査に企業の注目が集まるようになりました。

2つの概念についてはさまざまな解釈があります。ここでは既出『日本企業がエンゲージメント経営を実践する5つの要諦』からの引用をもとに意味づけていきます。

当社がお世話になっている、株式会社リンクアンドモチベーションのエンゲージメント・サーベイでは、従業員エンゲージメントを「企業と従業員の相互理解・相思相愛度合い」と提唱しています。

書籍の言葉で言い換えると、「『会社が目指す方向性や姿を物差し』として、従業員がそれらについての自信の理解度、共感度、そして行動意欲を評価する」のが従業員エンゲージメント（調査）にあたります。

他方、従業員満足度とは一般的には、「福利厚生や、職場環境、仕事内容、働きがいなどに対する従業員の満足度」を表します。

こちらも同様に、「『従業員が自身の物差し』として、所属する組織、職場の常行、上司、自身の仕事などについて評価する」ことが従業員満足度（調査）とあります。

改めて整理してみると、それぞれの概念の違いと意識調査の前提条件が、全く異なるものであることに気づくのではないでしょうか。さらに理解を深めるために、2つのサーベイの違いについて、より具体的に言及してみましょう。

従業員エンゲージメント調査は、会社が目指す方向性を設置してサーベイを行います。組織と人の活性化を進めるにあたり取り組むべき課題を、会社と従業員がデータを介して発見していくためのサーベイといえるでしょう。

質問項目には自社の望ましい未来像が反映されており、それに回答する従業員の内省を促す意図も込められています。

参考までに、書籍『グロービスMBAミドルマネジメント』（グロービス経営大学院　ダイヤモンド社　2021）より抜粋した質問項目を、いくつか並べてみます。

▼従業員エンゲージメント・サーベイの質問項目例▲

○私は、自分の会社全体としての目的・目標・戦略をよく理解できている

○経営陣は、事業の方向性について健全な意識決定をしている
○自分の会社で働くことに誇りを持っている
○自分の会社はよい職場だと他の人にも勧めたい
○自分の仕事について、給与や福利厚生など公正に報酬を得ていると思う

参考：『グロービスMBAミドルマネジメント』（グロービス経営大学院　ダイヤモンド社　2021）より

従業員満足度調査とは、設問の傾向に違いがあることに気づかれたでしょうか。

従業員満足度調査では、会社が目指す方向性は不透明なままで、サーベイが行われます。職場環境、給与、福利厚生、仕事内容、上司のマネジメントなど質問項目への評価基準は、「自分にとって満足できるかどうか」という従業員の主観に委ねられるのです。


さらに注意すべきポイントとして、同じ質問項目であっても満足度を決定する基準が、個人により変わる点を挙げられます。

「指示に従い決まった業務」を好む従業員もいれば、「個人に裁量を任され、課題にチャレンジする仕事」に意欲を感じる従業員もいます。評価には個人のライフスタイルや仕事観が、ダイレクトに反映されるのです。

また、仮に本人の希望が叶ったとしても、人間の欲望には限りがないため、他の不足面に従業員の関心が移る可能性も考えられます。

そのような傾向がエスカレートすると、従業員は自分にとって都合が良い条件・働き方を望む「楽」に流れ、組織は生産性の向上を期待できなくなるでしょう。

このように、従業員エンゲージメントの物差しはひとつであるのに対して、従業員満足度の物差しは、従業員の数だけ無数に存在します。たとえ個人の処遇を改善しても、必ずしも組織全体の活性化や課題の解決には結びつかないのが、従業員満足度調査なのです。

私は自分自身の経験からも、組織改革を進める際には、従業員エンゲージメントと従業員満足度の違いを、あらかじめ認識しておくことを強くお勧めします。

従業員満足度に傾倒してしまう落とし穴

前項では、従業員エンゲージメントと従業員満足度は、同じ「従業員」の言葉を使っていても、その指標の意味するところは全く異なる点について論じました。

ここでは、2つの概念の違いに気づかぬまま、エンゲージメント・サーベイを導入した当社が陥った、サーベイの落とし穴についてご紹介します。

2016年12月、初めてのエンゲージメント調査で判明したのは、エンゲージメント・スコアの数値に表れた、制度・待遇面に関する全社員の満足度の低さでした。

そこで、制度・待遇面での不満を解消しようと、企業理念や人事制度などを整えるかたわら、まずは一般社員の気持ちを聞き取るところから組織改革を始めました。人事評価面談や、1on1ミーティングを積極的に行い、社員間のコミュニケーション改善に努めたのです。

それが功を奏し、半年後の2017年に実施したサーベイでは、上司から部下への支援行動と傾聴力が当社の持つ「強み」に表れ、スコアは急上昇しました。

一般社員の不満は消え、新入社員の定着率も上がり、社員全体のエンゲージメントも高まったのです。

ところが、従業員エンゲージメントの数値が改善したにもかかわらず、経営目標、社員の平均単価、粗利益が改善しない状況が続きました。

さらに、社内の雰囲気や若手社員の様子にも気がかりな面が出てきました。会社が推奨している資格の取得や、現場での社員増員に向けた取り組みに挑戦する者は少数に限られ、現状維持を良いとする若手が増えていたのです。

悪いことは重なり、それまで対話による部下との信頼関係の構築に取り組んでいた、マネジャー層の離職が目立ち始めるようにもなりました。

そして、ついに2018年に実施したサーベイでは、プレイングマネジャーに絞ったエンゲージメント数値が、中央値の50を大きく下回る27・6を示したのです。なぜこのような現象が起きたのか。

それは当社が目指していた、エンゲージメントの数値改善に向けた施策が、途中で従業員満足度を高める施策へと、すり替わっていたからでした。

入社歴の浅い社員への支援行動を重視するあまり、エンゲージメント本来の目的である、組織と個人がともに成長する方向を目指した、社員への意識づけが疎かになっていました。

その結果、一般社員の待遇面での満足度はアップした反面、管理職のマネジメント業務の負担は激増し、当社は業績の停滞する、負のスパイラルに突入したのです。

当時の社内では、上司から部下へ過剰な寄り添いにより、①～④の現象が起きていました。

① 上司が面談や1on1で、「〇〇はできません」「なぜ私が〇〇をしなければならないのか」などの部下からの不平・不満を傾聴する
⬇ミーティングの長時間化と管理職のダメージ蓄積

② ①により、上司が部下へ遠慮をして仕事を任せられなくなる
⬇管理職のプレイヤー業務の激増と、一般社員のスキル未習熟と成長の鈍化

③ ①②により、上司が部下へ遠慮して能力不足の指摘や、注意・躾《しつけ》をできなくなる
⬇ルール違反によるトラブル（納期遅れ・遅刻・報連相の不徹底など）の頻発。上司はトラブル対応に追われ部下は自信を喪失、全社員の仕事に対するモチベーションが低下

④ ①②③の結果、管理職の長時間労働と寄り添い疲れによる離職が進む
⬇リーダー不在にともなうチームメンバーの負担増大と業績の停滞

ここから見えてくるのは、部下が何を言っても怒られる心配のない、優しい上司が率いる、ぬるくて安全なチームの姿です。私たちは意図せずに、成長意欲の乏しい若手社員を増加させる組織を作り上げていたのでした。

当社のバリューに「みんなでみんなを大切にして、日々1%の成長を積み上げます」がありますす。前半部分にある「みんな……」の意味を時々勘違いする社員もいますが、「みんな」の対象者には部下だけではなく、当然上司も含まれます。そこには役職による、支援する人・助けられる人の区別はありません。

組織の原点に立ち返ると、管理職に多大な犠牲を強いる支援行動が、社員間での公平性を脅かしていた事実が見えてきます。

当社は従業員エンゲージメントと従業員満足度との違いを満足に理解せず、組織改革に乗り出していました。そして、自ら落とし穴に嵌っていたのです。

もっとも、エンゲージメント・スコアの改善を目標とした、社員同士の対話から始める組織改革へのアプローチの方向性は、正しかったと思います。ただし、その方向性を見誤ると、当社のような事態に陥るケースもあるわけです。

組織を変えていこうと思われる方々には、施策を進めるうえで余計な回り道をしないためにも、2つの概念のすり替わりには、注意を払ってもらいたいと思います。

従業員エンゲージメント・サーベイをやるべき理由

意外と紛らわしい、2つの従業員意識にまつわる当社の失敗談をお伝えしましたが、私自身は、エンゲージメント・サーベイの導入を積極的にお勧めします。なぜなら、組織と個人の抱える課題の解決と成長を叶えるには、現状を認識することが出発点となるからです。

皆さんは旅先の目的地へたどり着くために、どのような方法・手順を踏むでしょうか。おそらく大概の人は、事前に交通手段について検討すると思います。自宅から現地までの距離と予算に合わせ、バス、JR、飛行機などの移動手段を比較し、最適な移動ルートと乗り物を選択するのではないでしょうか。

私たちは目指す場所へたどり着くために、出発地である自宅を起点に目的地へのルートを割り出します。自分が見知らぬ場所にいて現在地が不明であれば、たとえ目的地が明らかでも、おそらく到着は難しくなるでしょう。目的地に向かうルートとは反対方向へ進んだり、遠回りをしたりなど、道中でトラブルが発生するかもしれません。

組織においても、会社と従業員の現状を把握しないで到達したいゴール（目標・業績）を目指すのは、現在地を特定せずに旅の目的地へ向かうようなものです。

会社の実情から目をそむけ、課題の改善に向けて場当たり的な対応を重ねるやり方は、勘と経験に任せた経営が通用した時代であれば、有効な手段だったかもしれません。けれども、ビジネスのルールが変わりつつある状況下で、旧来の経営手法で課題をクリアしようと試みても不可能ではないでしょうか。

客観的なデータや根拠もない、他社で成功した解決策を何となく真似しては、成果を得られずに、また新たな目先の解決策に飛びつく。そんな手当たり次第に施策を実行する、運頼みな方法では、貴重な時間と経費のロスを招く危険さえあるのです。

組織の現状のデータによる「見える化」は、組織の改善における無駄を省き、エンゲージメントと業績の向上とが連なる目的地への、ショートカットを可能にします。自社と従業員の現在地を表す数値は、それぞれにとっての最適な施策を行うための大切な目印となり、最適な形で組織と個人をゴールへ導きます。そして、それを可能にするのが、エンゲージメント・サーベイなのです。

前にも説明したように、従業員エンゲージメント調査は、会社が目指す方向性を質問項目に反映させたサーベイとなります。全社共通の、基本となる質問項目は用意されてはいますが、自社の企業理念などにもとづく、オリジナルの質問を追加することで、よりサーベイの精度が上がる特徴を備えています。

ですから、ある程度会社の方向性が定まったタイミングで、調査に取りかかるのが効果的です。実施段階で企業（経営者側）と従業員とが、何のためにサーベイを行うのか、その意義を双方で共有しておくのも、データの有効活用につながります。

そのうえで、サーベイ実施後には、集計データの社員へのフィードバックも忘れないようにしたいものです。

サーベイを実施しても結果を伝えなければ、社員に自社への不信感が芽生えます。そのような悪影響を及ぼさないためにも、データは公開するのが望ましいでしょう。

ただ、いざエンゲージメント・サーベイを導入しても、企業によっては自社の強みよりも、早期の改善が見込めない弱みとなる要素のほうが数多く挙がる場合もあるかもしれません。

過半数の課題の改善には長い時間がかかると判明したら、それ以降は意識調査を行う意味がないかといえば、そうとは限りません。

プロローグでもお伝えしたように、私は「企業の健康診断」とも呼べるエンゲージメント・サーベイは、自社の現在地を知り健全な経営を保つためにも、続ける価値があると思います。

現状を直視する時には痛みを伴いますが、早期の改善が不可能な項目に関しては、ひとまず保留としてはどうでしょうか。

サーベイの結果で明確になった課題のうち、自社でコントロール可能な要素を優先的に改めると、社内の雰囲気は変わってきます。施策の方向性さえ間違わなければ、それが追い風となり、結果的には他の弱みも改善していくものなのです。

エンゲージメント・サーベイは、1回実施すれば終わるものではありません。その継続と柔軟な課題への向き合い方が、従業員エンゲージメントを全般的に高め、維持していくためのポイントになると私は考えています。

従業員エンゲージメントを高める3要素

ここまで、従業員エンゲージメントの概念やエンゲージメント・サーベイを実施する目的などについて話してきました。続いては、従業員のエンゲージメントを高めるために、必要とされる要素を見ていきます。

既出『日本企業がエンゲージメント経営を実践する5つの要諦（DIAMOND ハーバード・ビジネス・レビュー論文）』によると、従業員エンゲージメントの成立には、必要となる3要素があるとされています。理解度、共感度、行動意欲がそれに該当します。

理解度（Rational）

組織の目指す方向性を理解し、それが正しいと信じている

共感度（Emotional）

組織（同時に仲間にも）に対して、帰属意識や誇り、愛着の気持ちを持っている

行動意欲（Motivational）

組織の成功のために、求められる以上のことを進んでやろうとする意欲がある

従業員自らが抱く、これら3つのポジティブな感情、理解度・共感度・行動意欲が重なり合った先に、エンゲージメントが位置します。

つまり、エンゲージメントとは、従業員一人ひとりが持つ、組織に対する前向きな感情の相互作用により形成されるものなのです。

とはいえ、従業員の自助努力だけで、これらの要素を育めるかといえば疑問が残ります。現実的には、企業側からの支援がなければ、従業員のエンゲージメント向上は難しいように思います。

従業員のエンゲージメントは、個人と会社の目指す方向性の、すり合わせなくしては成

り立たないからです。

エンゲージメント向上には、3要素を発芽させるための土壌となる、企業理念・ミッション・ビジョン・バリュー・パーパスを企業側が整え、社員に理解できる状態で明確に提示しなければなりません。また、人事評価制度や成長環境の整備も、忘れてはならないところです。

エンゲージメントを高めるコツを一言で表すなら、「組織を整える」に尽きるでしょうか。それがなされてこそ、社員側に、会社の目指す方向性を具体的に理解して、支持する気持ちや、帰属意識が高まります。そして、やがては全社員の士気が揃い、一人ひとりの貢献意識と行動の積み重ねがいつしか集合体となり、会社のカルチャーを醸成していくのです。

組織と個人が同じベクトルで成長を志し、ゴールへの共通認識を持てた時、それを反映するかのように、エンゲージメントの数値は上昇に転じるものだと私は思います。

「人」ではなく「仕組み」でエンゲージメントを高める発想転換

従業員のエンゲージメントを高めるには、組織を整えることが大切だと述べました。ただし、実施する際には、留意しておくべき事柄があります。それは、エンゲージメント・サーベイを導入してミッション・ビジョン・バリューや人事制度などの見直しをするだけでは、自動的に組織の変革が進まないという事実です。

自社が求める社員像や役職ごとに期待される行動などを、業務に直結するアクションプランとして社員へ提供しなかった時期には、当社のエンゲージメント数値は伸び悩みました。

当時積極的に取り組んでいたのは、先でもお伝えした上司から部下へのコミュニケーションを重視した、人材育成を含む一般社員への支援行動でした。スコアで浮かんだ自社の弱みを潰すための試みでしたが、入社歴の浅い社員の離職防止には役立ったとはいえ、マネジャー層のマネジメント業務を増やし、「寄り添い疲れ」につながったのは前述の通りです。

新入社員の定着が見込めそうかと思えば、プレイングマネジャー層で離職が高くなり、従業員全体で見ると人材の流出が止まらない状況に、私は危機感を覚えていました。それと同時にこの時、人が人を教え導く、従来型のマネジメントの限界に気づかされたのです。

組織内での個人の成長においては、ここぞという瞬間に上司から示される、労いや勇気づけ、本人の価値を認めるような言動が、部下にとって特別な意味を持つのは明らかです。その一方で、ひとりの人間を育て、サポートする過程で、別の人間に多岐にわたるマネジメント業務を一任するやり方は、はたして正解と言えるのか。

人事担当者、現場マネジャーといった役職者の能力に依存する形で、マネジメントの課題を半ば丸投げするような行為が黙認される状態は、不健全ではないでしょうか。そのような職場環境では、全社員のエンゲージメントの向上など実現されるはずがありません。

ましてや、昨今ではコンプライアンス重視による多種の制約もあり、上司から部下へのハラスメントのリスクも取り沙汰されています。

仕事のリモート化で上司が部下と直接接する機会は減ったとはいえ、人を介した業務の場では、時には摩擦が生じて、パワハラとみなされる言動が起こりうるかもしれません。となると、上司から部下への良好な意思疎通を保つため、指導をする側が言動への適切な配慮を、常日頃からわきまえる必要も出てきます。

ストレス度の高い状況下での、部下へのマネジメント業務は困難を極めます。さらに、上司側にダメージが蓄積するだけではなく、部下側にも決して良い影響を与えません。若手社員は部下の扱いにとまどう上司の姿を見るにつけ、人材育成全般の責任を負わされる管理職の立場に幻滅を感じ、望ましい自身のキャリア・将来像を描けなくなるのです。

私は当社で繰り広げられた悪循環を断ち切ろうと、人が人を教え導く手法の仕組みに加え、デジタルツール（と操作する本人）に、マネジメントを委ねる仕組みを作ろうと決意しました。

後の章で説明しますが、マネジメント業務に含まれる能力開発、とりわけ長期的視野においての人材育成で人が担う肝心な面以外を、システムに任せようと発想を転換したのです。

このような思考は、**「人材志向」**と**「仕組み志向」**に分けられます。本文の内容を整理するために、それぞれの考え方にみられる特徴を以下で比較してみます。

人材思考

- 「人」を中心に考える
- 2割の優秀な人材とその他の人材で構成される組織
- 誰がやるかによって、仕事の結果が異なる
  ➡人により成果に違いが出る／個人の能力により標準偏差が最高から最低まで大きく広がりやすい
- 社員の離職、優秀な人材の流出
  ➡人が辞めると会社には何も残らない／「教え損」マイナスの育成費用
- 優秀な人材力で会社が急成長し、業績が大幅アップ／会社の業績が人材に左右される

仕組み志向

- 「仕組み」を中心に考える
- 普通の人材と優秀な仕組みで成り立つ組織
- 誰がやっても同じ仕事の結果が得られる
  ➡人によるバラつきがなく一定水準を保つ仕事の成果が出る／教育次第で高い

成果の達成も可能

・社員の離職、優秀な人材の流出

➡人が辞めても仕組みは会社に残り、自社固有の「資産」であり続ける／育成費用はシステム運用のための初期費用と運用費となり人数が増えても変わらない

・会社の業績はそれほど人材には左右されない／全体の成長が業績アップにつながる

いかがでしょうか。

この2つを並べると、「人材思考」と「仕組み志向」の特徴が掴めたかと思います。

「仕組み志向」に舵を取れば、職場のリーダーが負担しているマネジメント業務のうち、人材の教育に関係する業務の大半を、システムに肩代わりさせられます。

当社では、能力開発の新たな概念、**スキルマネジメント（スキルマネジメントについては第2章で詳述）**をシステム化した自社クラウドサービスを用いて、人とデジタルツールでの主に能力開発分野での分業を実現しました。デジタルツールでも代替え可能な業務をクラウドサービスに落とし込んだことで、個々によるセルフマネジメントを可能にしたのです。

これにより、会社が社員へ求める具体的なアクションプランを、各自が実行できる仕組みが整い、ようやく全社員のエンゲージメント・スコアは上昇に向かいました。

当社での結果からも私は、社員が自社への理解や愛着を深め、そこで働く意義を見出すには、会社主導による、エンゲージメントを促進する仕組みづくりが肝要だと考えます。

皆さんも従業員のエンゲージメントを高めるために、人に頼りすぎないマネジメント手法に目を向けてみてはいかがでしょうか。

エンゲージメントの高い組織に転換する3ステップ戦略

従業員のエンゲージメントの向上には、人とデジタルツールの分業制による仕組みづくりが効果的だとわかったところで、具体的に整備するべき事柄と優先順位について考えていきます。この項では、高いエンゲージメント組織へ転換するための戦略を見ていきましょう。

仕組みづくりで軸となるのは、ミッション・ビジョン・バリューの策定と浸透・人事評価制度の整備・成長環境の構築です。

これらの持つ意義と、果たす役割を次のように定義して、その効果や運用上のポイントをまとめました。

○ミッション・ビジョン・バリューの策定と浸透

〜従業員エンゲージメントの源泉である〜

⬇企業文化の醸成が、経営戦略の推進上強力な武器となる

1．ミッション・ビジョン・バリューは、社員の想いのベクトルを揃え、意思決定の質とスピードや競合優位性、人材採用力、プロダクトの訴求力を高める

2．企業文化は、制度や行動指針などの共通言語化と、会社方針・進捗の情報共有、研修や会議の場を設けるなど、多面的なコミュニケーション設計と運用で醸成する

参考：『起業大全 スタートアップを科学する9つのフレームワーク』田所雅之著 ダイヤモンド社 2020

○人事評価制度の整備

〜経営目標達成のプロセス化である〜

⬇KGI（最重要目標）の明確化と効果効率的なPDCAサイクルとなる

1．役職ごとに求められる目標と行動指針を、適切に評価項目へ組み込むとKGIが高まる

（※能力開発については人事評価制度と切り離し、成長環境の構築で運用する）
2．運用の定着化のために、評価者と被評価者共に、ムリ・ムダ・ムラのないよう評価項目数と面談頻度を最適化する

○成長環境の構築
～能力開発は若手の未来を創ることである～

⬇再現性のある成長環境は、企業の無形資産となる

1．成長の再現性は、実務を推進するための能力・スキルの特定、サブ能力へと解像度を上げて、習得判定の基準を設けことにより高める
2．能力開発に欠かせない「意識の光」（※後の項で説明）を当て続けるために、スキルの習得目標と振り返りのプロセスをシステム化する

続いて、これらを実施する前に留意したい優先順位について図をもとに検証します。

次ページの図①は3つの施策を、効果の度合い、課題が達成されるまでのおおよその所要時間、取り組みやすさ、優先度で比較したものです。

私の経験上、トップダウンに傾きがちなミッション・ビジョン・バリューの策定や人事評価制度の改革よりも、ボトムアップから着手できる、能力開発を先行させるのが効果的

図① 〈組織を整える優先順位は？〉

	効果	時間	気軽さ	優先度
MVVの策定と浸透	◎	長期	C	C
人事評価制度の整備	○	半年以上	B	B
成長環境の構築	◎	1〜3ヵ月	A	A

・効果（インパクト）：従業員エンゲージメントや利益率のアップなどの課題の改善とゴール（目標）達成に向けて効果的であるか
・時間：上記課題の改善および、ゴール達成に向けて仕組みが整うまでの期間
・気軽さ：施策に取り組むにあたり、予算・マンパワー・リスクの少なさ・心理的な障壁が低いかどうか
・優先度：エンゲージメントの高い組織への転換に向けて取り組むべき順番

※MVV（ミッション・ビジョン・バリューの略語）

だと実感しています。

成長環境の構築のための施策であれば、全社規模で取り組まなくても、開発部門や新人に限定するなど、対象を絞ってテスト感覚でも行えます。社内での導入も容易で、効果が高い割にはリスクを抑えられるため、気軽に取り組めるのではないでしょうか。

他方で、人事評価制度は、制度の変更には四半期のような、制度の切り替わるタイミングも無視できません。全社員分のデータの取り扱いもかかわってくるため、実施には少なくとも半年以上の時間がかかると予想されます。

加えて、後の章でお話ししますが、人事評価制度に網羅される各種項目の内容を、社員は忘れがちでもあります。そのため、インパクトに関しては他の2つには及びません。

もっとも、給与とも関連する人事評価制度抜きでは、従業員の納得を得られず、エンゲージメント・スコアにも響いてきます。整備は必須とはいえ、最優先に取り組む必然性はないのが、人事評価制度といえます。

ミッション・ビジョン・バリューも同様に、策定の効果は非常に大きいものの、本格的な導入には、さらに調整を要します。全社員にこれらが浸透するまでには、ある程度の期間を見込まなければなりません。

3つの施策で、最も難易度が高いのがミッション・ビジョン・バリューの策定と浸透になります。まずは他の2つに着手したのち、段階的にこの施策へ移行すると滞りが生じにくいでしょう。

したがって、図①が示すように、エンゲージメント組織に転換するステップは、①成長環境の構築、②人事評価制度の整備、③ミッション・ビジョン・バリューの策定と浸透の順に進めていくのが望ましいと結論づけられます。

ここまで解説しましたが、リソースが限られ、本業も忙しい中小企業では、経営トップから現場マネジャーが総出で組織の整備を進めるには、難しい局面もあるかもしれません。ミッション・ビジョン・バリューの策定や人事評価制度の領域までに踏み込んだ仕組みづくりは、後回しになりがちです。だからこそ、私は心理的なハードルの低い、能力開発を試してみてはどうかと提案します。

一部門といった最小単位から始められる成長環境の構築は、組織内で物事を進める際の承認が取りやすいというメリットもあります。

最初に小さな改革を始め、勢いづいた時点で人事評価制度も変えようかと弾みがつき、最後にミッション・ビジョン・バリューの策定や浸透に取り組んでいく。人と組織のエンゲージメントを高めるには、一度にすべてを変えようとせず、段階的にステップを踏んでいく戦略をお勧めします。

100年時代は組織（成長環境）を整えない会社は衰退する

この章ではエンゲージメントを軸に、従業員満足度に傾かない、これからの組織と人のあり方について語ってきました。

人生100年時代を迎え、企業も従業員に評価される時代へ突入しており、人と組織がともに発展・成長を目指す流れは主流になると考えられます。現在在籍する社員はもちろん、求職者からも魅力的な会社と評価され続けるためにも、エンゲージメントを高める企業側のたゆまぬ努力は、今後も欠かせないものとなるでしょう。

では、何をもって求職者に「この会社は魅力的だ」と印象付けられるのか。

私は企業の人材育成にかける本気度が、かなりの程度まで影響するのではないかと推測しています。

変化の激しい時代、とくに若者層は転職を繰り返すジョブ型雇用を前提に、どこでも働けるようなスキルを身につけられるよう、常に自分自身を成長させたいと願っています。

これを裏返せば、若者たちを採用する側である企業が能力開発を軽視して成長環境を整えないと、入社希望者は年々減少をたどり、ついには皆無になる危険性を示唆しています。

新入社員や入社数年の若手社員の過半数は、仕事に対する自分の適正や、その会社で働き続けてスキルを得られるのかどうかなどに、不安を感じているように見受けられます。

私が知るところでは、最近の若手社員には、マニュアルはもとより、研修制度の充実や上司によるコーチングやティーチングを求める傾向が目立つようです。というのも、当社へ入社した社員に志望動機を尋ねると、「研修制度が整っているのが入社の決め手になりました」といった返答が、高い割合で返ってくるからです。

各企業の若手社員は、ミレニアル世代（1981年~1995年生まれ）とZ世代（1996年~2015年生まれ）に属しており、デジタルネイティブとも呼ばれる世代です。個人差はありますが、この世代は未来志向で、仕事において自分の能力が発揮され、成長できる環境を求めるといわれます。長時間労働を容認し、仕事の意義よりも給与を重んじた、ひと昔前の新入社員とは、価値観が全く異なる世代なのです。

加えて、人生100年時代の働き手は、自身の持つ能力を絶えずアップデートし続けることを求められます。主だったものは、パソコンのOSにあたる社会人としての基礎能力と、アプリに該当する業界の特性に応じた専門スキルが該当します。

なかでも**社会人基礎力**は、他社でも活用できるスキルであることから、持ち出し可能なポータブルスキルとして若者世代から支持されてきました。

彼・彼女らは、社内でしか通用しないスキルよりも、社会人基礎力の獲得を重視します。そのため、ポータブルスキルを学習する機会を提供してくれる会社に価値を感じ、自分を育ててくれるであろうと思われる、会社への就職を希望するのです。

大半の若者は成長意欲こそあるものの、自分の能力を伸ばすためには何から着手すべきであるかの見当をつけられずにいます。それも相まって、自主的に能力を身につけるよりも、最初は上司から与えられる指示に従い能力開発を始められる、研修制度の充実などを企業側に求めるのかもしれません。

このような現象を考慮すると、会社の存続のためには、社員の成長環境を整えることが非常に重要になります。社員の育成環境の整備を怠れば従業員のエンゲージメントは低下し、会社は発展を望むどころか、衰退を余儀なくされるでしょう。

心理的安全性と学習の関係

組織の成長環境の整備とは、職場が社員にとって成長意欲の湧いてくる環境であるか、個々の学習を応援する組織風土が醸成されているかどうかで表されます。当社では2018年頃まで、エンゲージメント・スコアが上昇したにもかかわらず、チームや個人での目標へ向けた取り組みや、個人の資格取得意欲が減少する状況が続きました。

この時期当社で起きていた現象は、従業員満足度と従業員エンゲージメントのすり替わりの他に、「心理的安全性（psychological safety）」の観点からも読み解けます。この項では、組織おける好ましい成長環境とは何かを、心理的安全性に紐づけて考えたいと思います。

最近、「心理的安全性」という心理学用語を見聞きする機会が増えました。「心理的安全性」とは、組織行動学の研究者であるエイミー・エドモンドソン氏が１９９９年に提唱した概念です。

「チームの他のメンバーから、自分の発言への拒絶や罰を受けないと確信できる状態」と定義され、心理的安全性が高いチームであるほど、職場の学習環境が整うとされています。

グーグル社による、成功し続けるチームに必要な条件を探すプロジェクトで、「生産性が高いチームは心理的安全性が高い」と研究結果が発表されて以来、注目を集めている概念です。

従業員エンゲージメントとの相関性もみられ、チームリーダーからメンバーへの支援や働きかけが、個人や組織の効果的な学習やパフォーマンスの向上につながるといわれます。

当社では、エンゲージメント・サーベイの結果を踏まえ、もっぱら上司から部下への寄

図② 〈心理的安全性と目的達成意欲の関係〉

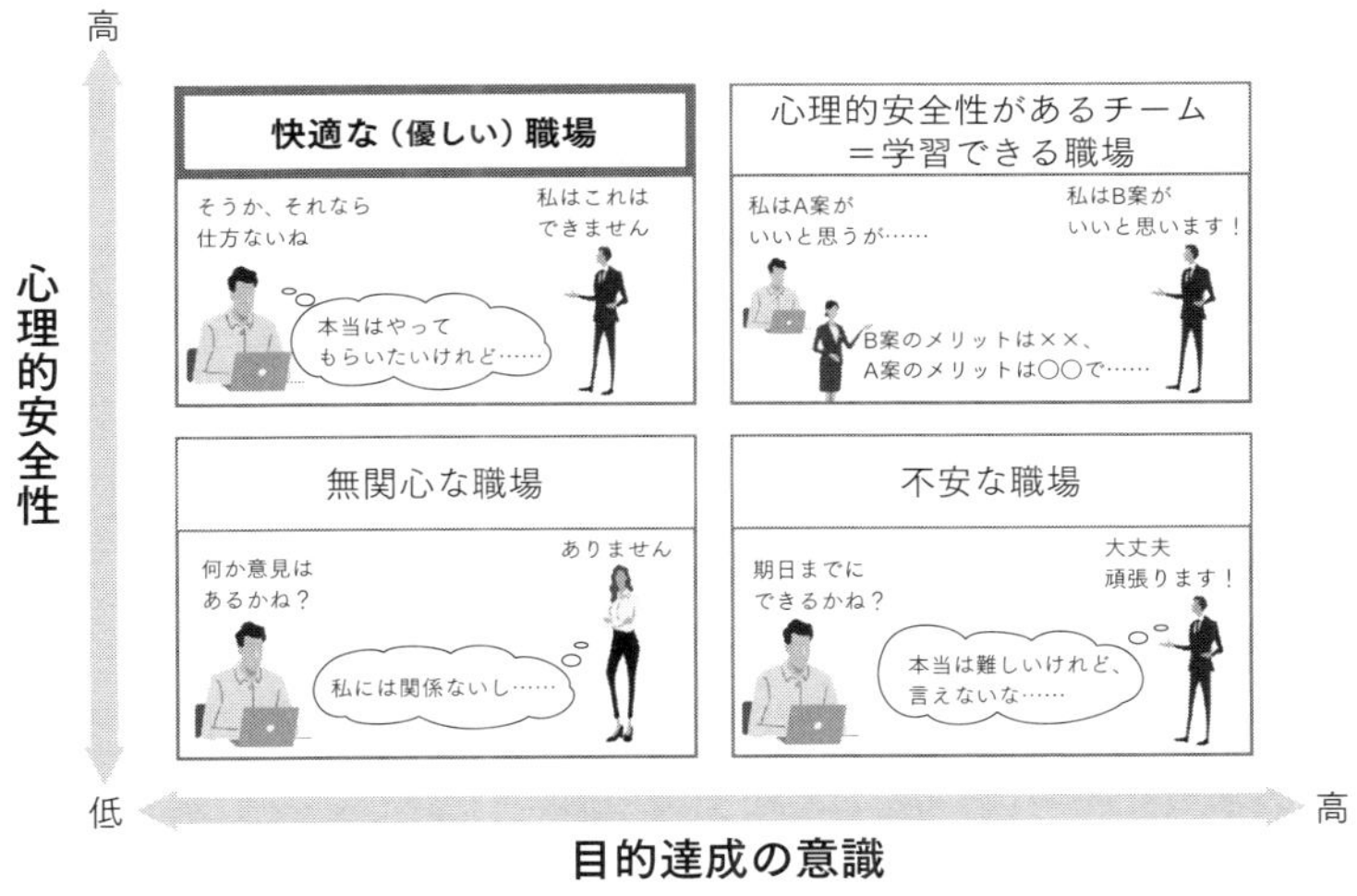

出所：『リーダーのための心理的安全性ガイドブック』青島未佳ほか　労務行政 2021

り添いに注力してきたのはご存じの通りです。その結果、社員間での安心感が形成された反面、図②に表される、心理的安全性は高いけれども、目的達成への意義が低い職場環境が作られました。多くの一般社員が、ぬるくて居心地の良い、快適な職場環境に絡めとられていたのです。

従業員にとっての安全な環境、優しい環境を作ることばかりに専念すると、当社のように従業員満足度を追い求め、個人の学習意欲を削ぐ方向へ流れる危険性があります。

そうならないためには、上司と部下がともに会社の方向性と個人の成長への目的意識を持ち、異なる意見や率直な指摘をし合えるような関係性を築かなければなりません。

とはいえ、現場マネジャー、人事担当者が、心理的安全性の高い職場環境を構築する際に、一般社員の満足度を下げない方向へ意識が向いてしまうのは無理もないと言えます。慢性的な部下の離職と育成の難しさに悩まされている側としては、まずは早期離職を防ぐことが一番の目的となるからです。

さらには、昨今のコンプライアンスや働き方改革などの見えない圧力に屈して、チームのリーダーが、メンバーの言動に見て見ぬふりをするような状況もあるかもしれません。

かつて当社で見られた「資格を取得しよう」などの上司の声がけに、「(資格取得は)忙しくて無理です」「私にはできません」と、部下が反論するような展開も大いに考えられます。このような事情もあり、上司は否応なく物わかりの良い、優しい上司にならざるを得ないのです。

部下と会社の課題がわかってはいるけれど、それを口に出せない。ましてや改善が見込めないうえに、部下への寄り添いによる過剰なマネジメントで、上司本人が疲れ果ててしまう。

そのような状況下に置かれている、現場マネジャー、部課長の方々も多いのではないでしょうか。

当社の失敗例からも、リーダーのスキルだけで、この図②の右上「心理的安全性があるチーム＝学習できる職場」を構築するのは難しいと言えます。現場マネジャーや部課長に、良好な場環境作りから能力開発に至るさまざまな業務を担当させること自体が酷だからです。

では、ぬるま湯のような環境ではなく、互いに切磋琢磨し、学習できる環境を作るにはどうすればいいのか。それには、前項でお伝えした「人」だけではなく「仕組み」も取り入れた成長を促す環境作りが、最良の解決策となるでしょう。

エイミー・C・エドモンドソン著、『恐れのない組織――「心理的安全性」が学習・イノベーション・成長をもたらす』（英治出版 2021）では、**「安全性だけが高ければ良いのではなく、目的意識があってこそ、個人や会社の生産性の上昇が成立する」**といった見解が語られています。

私自身も、チームの安全性の追求とともに、上司と部下による客観的なデータにもとづく対話による、会社と個人の成長にフォーカスする意識を忘れてはならないと考えています。

社員の早期離職を防ぐための、安全で快適な働きやすい職場環境を用意するだけでは、組織と個人、両方の視点での真の意味での目標達成は叶いません。

人間ならではの温かい心の交流を感じられる職場の環境作りと、デジタルツールなどのシステムを活用した個々の成長環境の整備との、両輪での経営スタイルを推進していく。

その相乗効果によって、チームの安全性はより高まり、職場での学びは深まるのではないでしょうか。

まずは20代の成長環境を構築しましょう

2022年8月7日の日経新聞に、企業の業績と組織の成長環境に関する興味深い記事を見つけました。皆さんにも、ここでご紹介します。

企業85社を対象に、2017年~2021年の売上高の伸びを9個のスコアとの連動性で検証した調査によると、20代の成長環境と企業の業績向上とに相関性のあることが判明しました。
待遇面の満足度、社員の士気、風通しの良さ、社員の相互尊重、20代の成長環境、人材の長期育成、法令遵守、人事評価の適正化の9項目中、最も業績と連動していた要素が、20代の成長環境だったのです。

1人当たりの売上高の伸び率で、業績上位20社と下位20社を比較すると、「人材の長期育成」では、上位20社の40パーセントに対して、下位20社は10パーセント未満でした。企業の株価上昇率の調査でも、**「20代の成長環境」の項目で、上位20社は下位20社の約5倍の満足度を記し、積極的な人材育成が企業経営にプラスとなることが証明されました。**

20代の社員の成長環境を整えている会社だからこそ、それに比例して売上は上がるという考察には、私自身も納得のいくところです。このように、若手社員への成長環境の構築が、企業の重要課題であるのは間違いないでしょう。

こちらの調査は、大手企業に所属する20代社員を対象としていますが、私は中小企業では、20代社員への、さらに手厚い会社側のサポートが欠かせないと思います。その理由は、次の法則で説明できます。

皆さんもご存じのように、「パレートの法則」から派生したとされる法則に、「2：6：2の法則」があります。「2：6：2の法則」とは、特定のグループや集団は、優秀な上位2割、平均的な中位6割、下位2割のメンバーで構成されるとみなす概念です。

この法則にのっとると、組織に所属する20代の社員も、優秀な社員が2割・中間層の社員が6割・その他の社員が2割というふうに分けられます。個々の持つ能力の違いにより、おのずと社内で優劣がついてしまうのです。

そのうちの優秀な2割の社員は、上司のサポートがなくても自分自身で成長していく力を新人時代から備えています。

職場で自分のロールモデルを見つけたり、対人スキルを活かして先輩社員から仕事を教わったり、書籍からノウハウを吸収したりと、これらの社員では要領の良さが際立ちます。彼・彼女らは放置しても勝手に育つ社員ともいえ、仮に会社の成長環境が未整備であろうと、本人の成長には、それほど悪影響が及ばない存在といえます。

一方で、6割と2割に該当する20代社員の大半は、入社時から優秀な2割の社員のようには、自ら考えて行動する力を備えていません。そのため、会社に成長環境がない場合には、中間以下の若手層は、本人任せでは成長の機会を失う可能性が高くなります。8割の若手社員には、会社側からの成長を促す働きかけが必要なのです。

ただし、このような傾向がみられるからといって、上位2割以外の20代の社員が、仕事への夢や意気込みを持ち合わせていないわけではありません。

私の経験からも、新卒社員や第2新卒の若手社員は、会社に入社した段階では希望に満ちた、やる気のある子が多いと感じます。ですから、本人たちが働く意欲にあふれている間に、個々に能力を獲得させる環境を、いかに会社側が提供できるかが重要になるのです。

人を育てる仕組みの整っていない会社では、入社当初から1年未満の時期に、新入社員が身につけるべき能力を提示せず、マニュアル通りの作業をさせるだけになりがちです。

そのような組織では、上位2割の20代社員だけが成長を遂げ、残りの8割は自力では能力を獲得できず、仕事を進める力も得られない状態で取り残されます。

その結果、いつまでたっても本人に自信がつかず、仕事への消極的な態度が目立つようになり、モチベーションも急降下します。会社側のサポートがない状態で年月が過ぎてしまうと、本人の成長は止まり、ついには指示待ちの作業者になる危険もあるのです。

私は、仕事とは、チームスポーツであると考えています。

どんなスポーツであろうと、試合は優秀な2割の選手だけでは勝てません。チームのメンバー全員が、しっかりと練られたメニューで練習をして能力を高めるのはもちろん、監督やコーチが、メンバーの健康管理や、ルールを守らせるようにサポートすることも大切です。

ひとりでもボトルネックになるメンバーがいると、チームは機能せず、ましてや試合で大きな成果などは出せないのです。

とくに中小企業などでは人手不足もあり、社員の大多数を占める6：2の社員を戦力化できないことには、会社全体の生産性も弱まり、結果として利益率も低下します。本人の自主性に任せ、若手社員を放置するようでは、組織も人も成長は見込めないのです。

優秀な一握りの社員とは違い、会社側の働きかけ次第で、成長に差が出るのが8割の社員です。若手社員をいかに育てて、彼・彼女らの能力を底上げさせるか。

普通の社員の戦力化を可能にする成長環境の構築は、企業の経営戦略における、今後の最優先課題となるのではないでしょうか。

第2章

スキルマネジメントが能力開発の危機を救う

従業員の成長・定着において陥りがちな罠

本章からは、能力開発を「仕組み」で行うスキルマネジメントとは、どのようなものであるのかについて見ていきます。その前に、ここでは人材育成における課題を、経営の観点から取り上げたいと思います。

企業の業績や利益の向上を阻む大きな要因に、人と組織に関する課題が挙げられます。とくに当社のような労働集約型のＩＴ派遣・ＳＥＳ事業においては、利益の最大化には、従業員の成長と定着が重要なカギとなります。

企業の事業形態にかかわらず、会社の利益とは、単純計算で表すと売上から費用（経費）を差し引いた残りの金額になります。当社のような派遣業では、従業員１人当たりの派遣費（単金）に稼働人数を掛けた金額が売上となり、人件費・採用・育成費が主な費用（経費）に相当します。

このようなビジネスモデルで順調に利益を増やすには、売上から費用を引いた金額が、プラスとなる経営を心がけなければなりません。

・**利益**　＝　売上　－　費用
・**売上**　＝　単金　×　人数
・**費用**　＝　人件費　＋　育成費　＋　採用費　＋　etc

一人ひとりの働き度合いや能力が、売上に直結するため、従業員の成長と定着が非常に重要な意味を持ちます。そのため、当社では社員の能力開発と定着を狙い、スキルマネジメントの開発と導入に至るまで、さまざまな手法を試みてきました。

色々と試みたものの、一過性の研修や従業員満足度を上げるための社内イベントや、目的が明確でない打合せや1on1などマネジメント業務の工数を増やすだけの施策は、育成費と人件費を圧迫するうえに、従業員が疲弊して、従業員全体の成長と定着という面では逆効果に終わりました。

前章でも触れましたが、エンゲージメント・サーベイで会社の現在地を「見える化」しても、明らかとなった課題への適切な施策を打たないことには、人と組織は変わりようがありません。

けれども、その事実は見過ごされがちです。当社と同様に、非効率的で経費を圧迫する改善策を進める企業は、後を絶たないのではないでしょうか。

「とにかく何か手を打たなければ」と焦燥感にかられた勢いだけで、コンサルティングを依頼したり、外部講師を招いたりしても、組織が目指すゴールへはたどり着けません。利益の最大化を実現させるには、会社の現状を把握したうえで、自社に適した、なるべくシンプルな施策に取り組むのが最良の策となります。

当社が出した結論は、若手社員の「仕組み」による新たな能力開発への取り組みでした。新入社員や入社歴の浅い社員への「社会人基礎力」の強化が、従業員の成長・定着において、最も効果的・効率的であると判明したのです。

当社では、新たな能力開発の手法、スキルマネジメントを活用して、若手社員の能力開発に取り組み、以下のような変化がみられました。

CASE1 お客様満足度がアップ

「遅刻を繰り返す、納期を守らないなどの、あり得ない行為によるクレームが発生していた」

⬇社員の規律ある行動により、お客様満足度調査のスコアが平均85点以上にアップ！

さらに、全体のサービスにバラつきが少なく標準偏差が小さい、お客様サービスの品質も安定的に担保

CASE2 CCNAの取得率95％達成

「テクニカルスキルが向上してないのに（単金も上がらないのに）社員の定着のために給与を上げていた」

⬇シスコ技術者認定資格ＣＣＮＡ（シスコシステムズが主催する世界水準の認定制度：ネットワークエンジニアの登竜門に該当する資格）の取得率が95％以上に！

さらに、上級資格の取得率や社会人基礎力も向上、社員1人当たりの単金が上がり業績もアップ

CASE3 **離職率が10％以下に改善**

「周囲とのコミュニケーションが取れず〝いづらさ〟を感じて休職・離職する社員」

⬇社会人基礎力の向上により顧客との良好な関係性が育まれ、プロジェクト業務の進捗率も上がる

社員が自信を持てるようになり、自社への貢献度も高まった結果、同業社内での従業員エンゲージメントは№１、離職率は10％以下に減少

このように、能力開発に取り組んだ結果、社員の資格取得率や技術スキルが向上し、図③のように、売上と粗利の上昇に結びつき、その結果社員の定着率も高まると実証されました。

図③

【参考】中小企業のIT派遣・SES事業における利益の計算

〈未経験者ITエンジニア〉

採用費：50万円
1カ月研修費：30万円
その他経費：20万円

➡ **100万円**
マイナスのスタート

単金40万円／月　－　人件費30万円　＝　粗利10万円

○1年目粗利＝110万円
　↑回収まで約1年かかるその間に退職したら損害
○2年目以降で1年間120万円程度の粗利となる

⬇

社会人基礎力＋技術スキルを積極的に伸ばすと離職率が低減して、現場異動による単金も向上

〈事例〉

（半年）

単金40万円／月　－　人件費30万円　＝　粗利10万円

（半年以降）

単金60万円／月　－　人件費30万円　＝　粗利30万円

○1年目粗利＝230万円
○2年目以降は1年間＝360万円

粗利3倍!!

能力開発の危機

従業員の成長と定着に能力開発が及ぼす影響の強さは、第1章で触れた、20代の成長環境の構築と大手企業の業績との相関性と、当社の実例からも明らかといえます。ただし、成長環境が比較的整備されている、大企業に勤務する20代社員を対象とした調査から導きだされた結論を、鵜呑みにするのは早計かもしれません。なぜなら、中小企業では「長期の人材育成」の前段階として、社会人として通用するレベルの職務遂行能力を育む、従業員寄りの能力開発に着手する必要があるからです。

前章で解説した、「2：6：2の法則」を思い浮かべてもらえると、私が言わんとする意味をわかっていただけるのではないでしょうか。『ビジョナリー・カンパニーZEROゼロから事業を生み出し、偉大で永続的な企業になる』（ジム・コリンズ、ビル・ラジアーほか日経BP　2021）の著者、ジム・コリンズ氏が作成した「ザ・マップ」の図を例にとり、本題へ進む前に「人材」について論じてみます。

ご覧のように、図④の第1段階には、「規律ある人材」が定められ、**「最初に人を選びその後に目標を選ぶ（正しい人をバスに乗せる）」**とあります。しかし、この教えを日本の企業、とくに人材の採用に苦心している中小企業で、そのまま実行できるでしょうか。

「最初に人を選ぶ」とありますが、そもそも入社希望者が殺到しない中小企業では、社員の資質を見極め、自社に適った人物だけを採用するのは難しいでしょう。アメリカのみならず日本国内においても、社員の採用に関しては企業格差が見受けられます。つまり、大手と中小の企業とでは、前提となる社員の採用条件が異なるのです。

私は、「正しい人」を、「企業側で社員が獲得すべき能力を定め、それをもとに社員を育成したうえで、スキルを習得した社員を『正しい人』とみなす」と再定義しました。

図④に当てはめると、会社主導で社員のレベルに応じた適切な能力を示し、個々を育成するのが第一段階にあたります。次に、人事評価制度やミッション・ビジョン・バリューの社員への浸透を図り、図の第2段階、第3段階にある「規律ある思考」「規律ある行動」を各自に意識づけます。

そして、最終的には上司からの働きかけがなくても、社員の一人ひとりが自律的に考え、行動できる「人材」へ変貌を遂げるのが理想的です。このような流れに社員を導いていくのが、第4段階「永続する組織」にも通じる道だと考えます。

ひるがえって、現在企業で行われている能力開発は、社員を最善へ導くものとして機能しているでしょうか。私は数多くの職場で、以下のような混乱が発生していると予想しています。

パターン1 「人材」の意味の取り違えによる、企業側の新入社員への不適切な対応

パターン2 企業が、職能別に社員が習得すべき能力を理解しておらず、能力開発の実施に至らない

図④ 〈偉大な会社を動かすもの（ザ・マップ、ジム・コリンズ作成）〉

インプット				アウトプット
第1段階 規律ある人材	第2段階 規律ある思考	第3段階 規律ある行動	第4段階 永続する組織	
第5水準のリーダーシップの醸成	**ANDの才能**を活かす	**弾み車**を回転させて勢いをつける	**建設的パラノイア**（**衰退の5段階**を回避する）	卓越した結果
最初に人を選び、その後に目標を選ぶ（正しい人をバスに乗せる）	**きびいしい現実を直視する**（ストックデールの逆説）	**20マイル行進** 規律ある行動でブレークスルーに到達する	時を告げるのではなく、**時計をつくる**	唯一無二のインパクト
	ハリネズミの概念を明確にする	**銃撃に続いて大砲を発射**し、更新と拡張を続ける	**基本理念を維持し、進歩を促す**（新たなBHAGを実現する）	永続性
10×型企業 **運の利益率**を高める				

出所：『ビジョナリー・カンパニー ZERO　ゼロから事業を生み出し、偉大で永続的な企業になる』ジム・コリンズほか　日経BP　2021より引用

パターン3 企業が職能別に社員が習得すべき能力を明確に定義せずに行う、効果の薄い能力開発の実施

パターン4 企業が従業員教育の中心となる「社会人基礎力」の重要性を認識しておらず、若手社員に不足するこの能力の開発には無関心で、上司の判断に委ねている

パターン5 企業は入社歴の浅い社員の従業員教育の必要性を理解しているが、それを一部の社員（直属の上司など）に任せた結果、特定の人物・役職者に業務が集中してしまう

とくにパターン4、5のような事態は、起こりやすいのではないでしょうか。人事担当者や部課長の方は、多忙なマネジャーの現状を知るだけに、「一体誰に新入社員の教育を任せればいいのだろう」と、日頃から悩まれているかもしれません。

人を育てることの本質を理解し、個々の社員が能力開発を積極的に進められる環境を整備している会社は、一部の大手企業を除き、ほとんど存在しないといえます。そうした事情もあって能力開発の現場では、関係者の多くが、常に危機的状況に襲われているのです。

スキルマネジメントとは？　能力開発のＰＤＣＡ

企業における能力開発は、主にＯｆｆ－ＪＴ（Off The Job Training）・自己啓発・ＯＪＴ（On the Job Training）の３つの手法に分かれます。当社でも、Ｏｆｆ－ＪＴでのアウトプット型の研修や、短期間で気軽に取り組めるｅラーニング配信、仕事の現場で知識や能力を身につけるＯＪＴを行ってきました。

その中で、能力を伸ばすための最も優れた手法がＯＪＴでした。前項でもお話ししたように、職場での業務を通して、「社会人基礎力」を高めるＰＤＣＡを回すことが、新入社員の成長を最大化すると実証されたのです。

もっとも、ＰＤＣＡのサイクルを回すための推進力となったのは、上司主導によるＯＪＴではありません。システムに設計された成長環境のもとで、新入社員は上司の支援を受けながら、「社会人基礎力」の強化を自分主導で進めたのです。スキルマネジメントが、それを可能にしました。

スキルマネジメントとは、従業員の能力開発と会社の方向性をすり合わせ、個々が自律的にキャリアを形成する、従業員目線による新たなマネジメント手法です。従来のマネジメントとは異なり、従業員によるセルフマネジメント・セルフラーニングを仕組み化、システムで推進するところに大きな特徴があります。

システムが従業員の成長環境となり、個々の成長の軌跡を記録解析して次の育成に活用していけば、企業の無形資産へと成長していきます。

スキルマネジメントでは人材育成を、「人」に代わり「仕組み」が担います。

上司が部下の支援を行い、個々が能力を発揮する環境を整える、「サーバントリーダーシップ（サーバント＝奉仕する、つかえる）」を、システムが人につかえる仕組みに置き換えた手法ともいえます。

その仕組みは、職務遂行能力を高める能力の習得はもとより、獲得したスキルの定着化や、長期的な観点からの従業員のキャリアデザイン、能力分析を可能とします。

ここからは、仕組み化の工程を紹介しながら、新たなマネジメント手法である、スキルマネジメントの真髄に迫っていきます。

スキルマネジメントの第一の特徴には、能力開発と人事評価制度が紐づいた、データの一元化が挙げられます。一般社員の能力開発とキャリア形成と、役職者による部下の能力開発へのフォローと人事評価を、それぞれが独立して行える設計となっています。

スキルマネジメントの実行には、各種能力を一覧にした「スキルマップ」、能力をチェックリスト化した「スキルボックス」、能力を軸に社員のキャリア形成を促す「キャリアマップ」、キャリア目標と現状のスキルとのギャップを把握する「能力分析」の4つの仕組みが必要になります。これらの仕組みの総称を、スキルマネジメントシステムと提唱しました。

これら4つの仕組みでPDCAを回すことにより、従業員のステージ（在籍期間・役職）に応じた能力開発が促進されます。

以下は、新入社員が「社会人基礎力」を高めるサイクルです。

① スキルマップとキャリアマップを使いPlan（目標設定）を立て
② ①の目標をもとに、身につける能力（スキルボックス）を意識してDo（実行・促進）
③ スキルボックスのチェックリストを組み込んだ週報で達成・未達成の確認と振り返りCheck（進捗管理）を行い

④　スキルボックスと連動した週報でAction（行動修正）を図る
⑤　①～④を繰り返す

このようなサイクルを回す過程で、能力の開発と定着が進み、それに伴い個々の成長スピードも加速します。４つの仕組みの特徴については、ＰＤＣＡの進め方と合わせて、後の項で順に見ていきましょう。

何の能力・スキルをどのように開発すべきか

能力開発では、「何の能力・スキルをどのように開発するのか」を「見える化」することが非常に大切です。ここで言う「見える化」とは、文字通り能力・スキルの視覚化に加え、習得したい能力を把握し、その獲得を常に意識することを意味します。

この項では、能力開発のＰＤＣＡでPlan（目標設定）にあたる、能力開発の取り組み方について、当社の事例を交えながら論じていきましょう。

能力の「見える化」は、開発したい能力の特定から始まります。やり方としては、自社の求める理想の人材像を描き、その人物に求める能力を導き出す方法が一般的かもしれません。そのような方法では、業界に特化した方向に能力が偏る可能性も考えられます。けれども私は、ビジネスパーソンが習得すべき幅広い能力を列挙したうえで、「見える化」を進める方法を提案します。当社では、ビジネスパーソンがステージ（在職期間・役職）ごとに習得すべきスキルを、以下の3つに分類しました。

1．特殊スキル

特定の業界、職種、社内でのみ通用する特殊な専門スキル。業界に特化したスキルであり、ITエンジニアであればITリテラシーなど技術スキルに相当する。会社（部門・部署）ごとに異なる独自のスキルである、情報セキュリティー、自社への理解度なども含むスキル

2．社会人基礎力／基礎スキル（ポータブルスキル）

「社会人基礎力」に代表される、業界・職種を問わず、あらゆる企業で通用する基礎的なスキルの総称。社会人に必要とされる基礎的な能力であり、持ち運び可能なポータブルスキル

3．マネジメントスキル（ポータブルスキル）

役職者や相当するポジションに応じて必要とされる、組織マネジメント・プロジェクトマネジメントなどを含む、持ち運び可能なポータブルスキル

これらの分類は、グーグル社などが推奨する「T型人材」にみられる、必要とされる能力を特定して分類する、能力開発の考え方に近いものです。ジェネラリスト（一般人材）の持つ「幅広い知識」と、スペシャリスト（I型人材）の持つ「深い専門知性」の長所をあわせ持つ人材タイプをベースに設計しました。

個人やチームの生産性を高めて成果をあげる第一歩として、特殊な能力・スキルに偏らず、幅広い能力を網羅する形での、能力の特定が重要になります。さらに、特定した能力を効果的に身につけるには、それらを学習する環境の整備も求められます。

当社では、この考え方を背景に、スキルマップによる能力の一覧化と「見える化」を実現しました。

図⑤　〈「社会人基礎力」とは〉

経済産業省が主催した有識者会議により、**職場や地域社会で多様な人々と仕事をしていくために必要な基礎的な力を「社会人基礎力（＝３つの能力・12の能力要素）」**として定義。

前に踏み出す力（アクション）

～一歩前に踏み出し、失敗しても粘り強く取り組む力～

主体性
物事に進んで取り組む力

働きかけ力
他人に働きかけ巻き込む力

実行力
目的を設定し確実に行動する力

考え抜く力（シンキング）

～疑問を持ち、考え抜く力～

課題発見力
現状を分析し目的や課題を明らかにする力

計画力
課題の解決に向けたプロセスを明らかにし準備する力

創造力
新しい価値を生み出す力

チームで働く力（チームワーク）

～多様な人々とともに、目標に向けて協力する力～

発信力	自分の意見をわかりやすく伝える力
傾聴力	相手の意見を丁寧に聴く力
柔軟性	意見の違いや立場の違いを理解する力
情況把握力	自分と周囲の人々や物事との関係性を理解する力
規律性	社会のルールや人との約束を守る力
ストレスコントロール力	ストレスの発生源に対応する力

たとえば新入社員であれば図⑤にある、すべての能力の土台となる、「社会人基礎力」の習得が直近の課題になるでしょう。その内訳は、**「前に踏み出す力（アクション）」「考え抜く力（シンキング）」「チームで働く力（チームワーク）」**の、３つの能力と各能力に付随する12の能力要素に分かれます。

何のスキルを習得するかの取捨選択と、選択したスキルをどのような順番で学んでいくかの優先順位のつけ方は、組織の事業形態や実現したい方向性などで変わってきます。

当社では、チームで仕事を請け負う案件が多いため、「チームで働く力」を優先しますが、企業によって

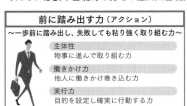

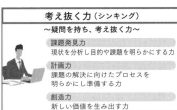

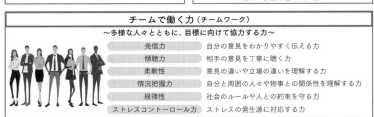

は、「考え抜く力」に属する能力要素の習得を重視することもあるでしょう。

能力の特定が終わったところで、続いて能力をどのように開発していくのかを決定し、実行可能な仕組みを整えます。

企業側は、能力開発への取り組み方を、新入社員へ具体的に指示するよう注意してください。企業側で事前に、「社会人基礎力」の一覧より習得するべき能力を特定し、その習得に要する期間を設定したうえで、個々に学習してもらう手順を踏むのが重要です。

第1章で、従業員満足度と従業員エンゲージメントの違いを語ったように、能力開発においても、個人の判断に任せると、スキルの習得内容・習得度合いにバラつきが生じます。そのような事態を未然に防ぐためにも、あらかじめ企業側で目指す方向性を定め、誰もが理解可能な能力開発の仕組みを整えておきましょう。

当社では図⑥のように、スキルマップ/キャリアマップによる「社会人基礎力」のPlan(目標設定)を設計しています。新入社員の成長段階に合わせ、各レベルで取得するべき能力(要素)を設定し、それらを順に学習していく成長のステップを「見える化」しました。

このように、成長の方向性を明確に示し、個々が成長イメージを描きやすい仕組みとすることで、新入社員は自らの成長を感じ、安心してスキルの習得に打ち込めます。

図⑥ 〈成長ステップの「見える化」〉

〈イメージ例〉

成長のステップ	求められること	目安期間
STEP 3	□社会人基礎力の『前に踏み出す力』を実践できる □自社理解（企業理念、行動指針、組織・人事制度）を深める □上位資格の資格取得か、それ相応の技術的な知識を有する	6ヵ月以内
STEP 2	□社会人基礎力の『チームで働く力』を実践できる □プロジェクトの概要と顧客サービスを理解する □プロジェクトで必要となる技術力を把握して、技術研鑽に努める	3ヵ月以内
STEP 1	□組織人として求められる社会人基礎力(12の能力要素)を理解する □コンピュータ・ネットワークリテラシーを理解して実践できる □情報セキュリティを理解して実践できる	1ヵ月以内

コラム

社会人基礎力の大切さに気づいていますか？

人生100年時代を迎え、今後ますます重要になる「社会人基礎力」。本書の冒頭でも触れましたが、ここでもう一度、「社会人基礎力」について解説したいと思います。

「社会人基礎力」とは、2006年に経済産業省が「職場や地域社会で多様な人々と仕事をしていくために必要な基礎的な力」として提唱しました。社会人になった初期に身につけておくべき基礎スキルにあたり、「前に踏み出す力」「考え抜く力」「チームで働く力」の3能力と12の能力要素から成り立ちます。

人生100年時代を迎え、「これまで以上に長くなる個人の企業・組織・社会とのかかわりの中で、ライフステージの各段階で活躍し続けるために求められる力」であり、「能力を発揮するにあたって、自己を認識してリフレクション（振り返り）しながら、目的、学び、統合のバランスを図ることが、自らキャリアを切りひらいていく上で必要」とされています。

「社会人基礎力」はすべての世代に必要とされる能力であり、仕事が変化しても通用するポータブルスキルでもあります。パソコンではOSに相当し、アプリに該当する専門スキルや特殊スキルを搭載するうえで、なくてはならない能力といえるでしょう。

ところで、私たちは「能力開発」という言葉に、何か特別なスキルや、難易度の高い資格の取得を目指すようなイメージを抱きがちではないでしょうか。しかし、実際には専門能力を獲得する前段階として、成長の土台を整えるための「社会人基礎力」の獲得が、能力開発を進めるうえで重要になります。

もし土台となる基礎的能力が培われなければ、高度な能力を身につけるのは難しく、仮に突出したスキルを獲得しても、実社会では良好なパフォーマンスを期待できません。たとえ優れた専門能力を備えた人材であっても、挨拶・見だしなみ・報連相といった一般常識も含めた基礎能力に欠けていると、仕事で成果を出すのは困難になるのです。

けれども、能力開発での土台となる基礎能力の大切については、あまり公では語られる機会はありませんでした。「社会人基礎力」という概念は2000年代に登場したものであり、それ以前には、社会人として身につける能力の特定は、これほど明確に定義されてはいませんでした。

そのため、能力開発の要となるこの能力の必要性には、何かトラブルが起きてから気づく企業も見られます。

最近の新入社員には、リモートワークの導入や職場の指導者不足の影響もあり、企業の規模や業種を問わず、一般常識が身についていない新人が増加していると聞きます。他にも、学生時代にアルバイトの経験がないなど、人との交わりの中でおのずと学んでいく、その場に適したマナーや振る舞いをわきまえない社員も、目立つようになっています。

社員が抱える「社会人基礎力」の欠如を放置すれば、本人のみならず、上司や同僚の仕事にも支障が生じ、お客様までもが直接・間接的に迷惑をこうむるのは避けられないでしょう。

自学可能なスキルマネジメントシステムの導入前には、当社でも管理職が新入社員への初歩的なマネジメント業務に追われていました。

「遅刻を繰り返す」「納期を守らない」「不明点を放置する」「トラブルを報告しない」などの問題行動が新入社員に続出し、上司は同じ説明を何人にもしなければならず、非効率な作業に疲れていました。お客様アンケートにもクレームが寄せられるようになり、上司はそのフォローに苦心し、部下本人は仕事への、やる気と自信をなくしていったのです。「社会人基礎力」の欠如によって、社員の成長が阻害されると言っても過言ではありません。

逆に、「社会人基礎力」が身につくと、新入社員の仕事への意欲は上がり、上司やお客様にも好影響が波及しました。

成長の土台が培われると、本人の成長は促進されます。ITスキルなどの専門知識も身につき、業務に関するミスは減って叱られる機会もなくなり、新人でも仕事がまわせるようになります。そして、ついには、お客様に貢献している実感を得られるまでの成長を遂げるのです。

個々の社員が持つ、当たり前の基準を揃え、規律のある組織を構築する。

組織全体での能力レベルを向上させる手段としても、「社会人基礎力」の学習は有意義に働きます。専門的な能力の開発に着手する下準備や、スキルの学び直しにも、この能力は役立ちます。「社会人基礎力」の獲得は、新入社員はもちろん、あらゆる層の社員にとって、さらなる成長のための土台となるのです。

能力の因数分解で成長を可視化する

能力開発のPlan（目標設定）を設定したら、次は実践の段階Do（実行・促進）へ移ります。能力開発を成功させるには、身につけたい能力への意識づけをしなければなりません。とはいえ、「創造力」などの抽象的な能力に関しては、どのような手順で開発するべきか、見当がつかない場合もあると思います。

そのような悩みを解消するヒントが、『成人発達理論による能力の成長』（加藤洋平　日本能率協会マネジメントセンター　２０１７）にありました。以下、本文より抜粋します。

「何らかの能力を伸ばしていく時に、まず求められることは、どんな能力を伸ばしたいのかを列挙することです。

どんな能力を伸ばしていくのかを特定して、絶えずその能力を意識した実践が必要になります。「意識の光」を当てることの重要性は、皆さんもこれまでの体験を通じて気づかれていることでしょう。」

出所：『成人発達理論による能力の成長』

私はこの文章を読んで、伸ばしたい能力にしっかりと焦点を当て、能力を一覧に並べて「見える化」し、それを実践することの重要性を確信しました。「意識の光」を当てなければ、伸ばす余地のある能力・スキルは、当人の中で眠ったままとなるからです。

さらに、本文の中に1つの能力を構成する小さな能力のことを「サブ能力」と呼び、このサブ能力に焦点を当てることの重要性を述べています。具体的に、リーダーシップ開発の説明文で「サブ能力」に言及した箇所があるため、長くなりますが続けてご紹介します。

「リーダーシップ開発を進めるには漠然と全体を高めようとするのではなく、リーダーシップ能力を構成するサブ能力という「部分」を向上させることが大事になります。そもそも、私たちの能力は、個別具体的な実践を意識的に取り組むことでしか向上していかない、という特徴を持っています。よってリーダーシップ能力を構成するサブ能力を特定していくことが最初に求められます。サブ能力が向上していく過程の中で、ある時、それらの能力が組み合わさった形で発揮されるようになり、全体としてのリーダーシップ能力が高まる、という現象が見られることです。」

出所：『成人発達理論による能力の成長』

いかがでしょうか。書籍の抜粋から、前項で説明した「見える化」の意味と能力開発を実践する糸口が、何となく掴めたのではないでしょうか。

当社では、この書籍を参考に、「見える化」した能力の向上を可能にする仕組みを設計し、「スキルボックス」と名づけました。

スキルボックスは、1つの元になる能力と、それを細分化した5つのサブ能力（スキル）のセットで構成されています。5つのサブ能力はチェックリストを兼ねており、能力が習得できたかどうかを、チェック方式で個別に判定するルールを作りました。5つのチェックリストすべてを達成したら、それをもって1つの能力を獲得したとみなします。総計30個のスキルボックスとその中の150のチェックリストで、個々の従業員の成長に適した能力開発を進める仕組みです。

スキルボックスの詳細については、次ページの図で解説していきます。

次ページの図⑦では、「実行力」のスキルボックスと「規律性」のスキルボックスを例に取り上げます。

この2つは、社会人基礎力の3能力「前に踏み出す力」「チームで働く力」にある12の

図⑦〈どうやって開発・定着すべきか？〉

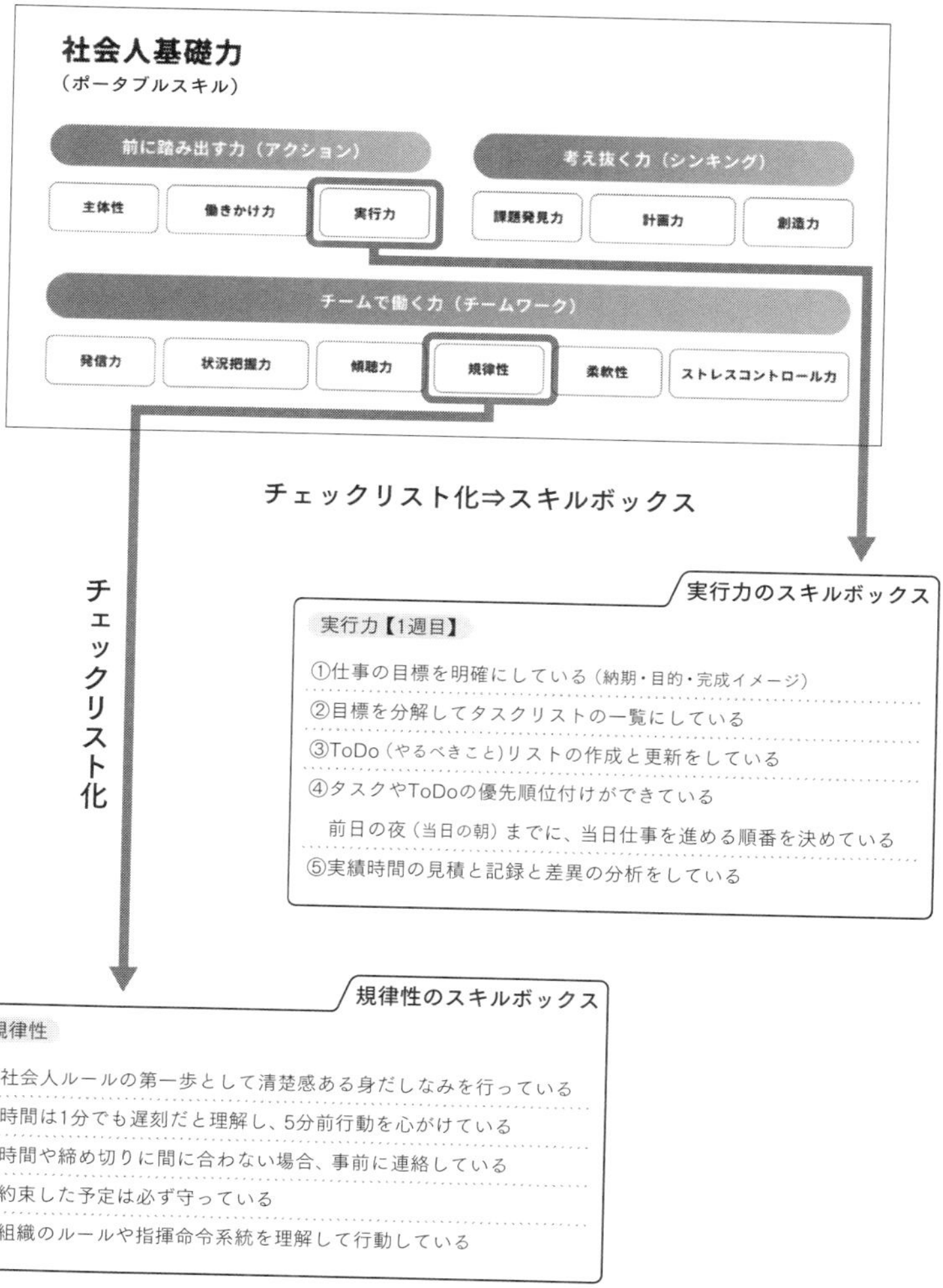
社会人基礎力
（ポータブルスキル）
前に踏み出す力（アクション）
主体性
働きかけ力
実行力
考え抜く力（シンキング）
課題発見力
計画力
創造力
チームで働く力（チームワーク）
発信力
状況把握力
傾聴力
規律性
柔軟性
ストレスコントロール力
チェックリスト化⇒スキルボックス
チェックリスト化
実行力のスキルボックス
実行力【1週目】
①仕事の目標を明確にしている（納期・目的・完成イメージ）
②目標を分解してタスクリストの一覧にしている
③ToDo（やるべきこと）リストの作成と更新をしている
④タスクやToDoの優先順位付けができている
前日の夜（当日の朝）までに、当日仕事を進める順番を決めている
⑤実績時間の見積と記録と差異の分析をしている
規律性のスキルボックス
規律性
①社会人ルールの第一歩として清楚感ある身だしなみを行っている
②時間は1分でも遅刻だと理解し、5分前行動を心がけている
③時間や締め切りに間に合わない場合、事前に連絡している
④約束した予定は必ず守っている
⑤組織のルールや指揮命令系統を理解して行動している

能力要素に該当します。当社では、これらの能力要素を1つの能力とみなし、それぞれに5つのサブ能力を設定しました。

その理由は、社会人基礎力に定義されている能力（要素）を、実際に現場レベルで社員が獲得できるようにするには、能力を因数分解する必要があると考えたからです。そこで、サブ能力をスキル化し、実行可能なアクションプランに落とし込みました。

アクションプランによるサブ能力の具体化は、Do（実行・促進）を叶えます。新入社員は、図⑦内の①～⑤のサブ能力を目にするたびに、それを意識した行動を心がけるようになります。そして、それらを達成したかどうかをチェックする作業を通して、自分が能力を習得していなければ、次は習得しようと実行への段取りをするようになるのです。

たとえば、「規律性」を見てみると、②のサブ能力には「時間は1分でも遅刻だと理解し、5分前行動を心がけている」と具体的な行動が定義されています。

仮に②が、「規律ある行動を心がけている」などの、人により解釈の分かれるような表現であれば、社員ごとに行動に違いが表れるかもしれません。けれども、「5分前行動」と明確な基準があると、すべての社員は常にそれを意識した行動を心がけます。

その結果、一人ひとりが、「5分前行動」の習慣を身につけていくのです。

当社では、チームで働くうえで能力となる「規律性」を、「ルールを正しく守ること」はスキルであると定義し、5つのサブ能力で具体的なアクションプランを示し、その浸透を図っています。サブ能力のチェックリスト化により、能力に「意識の光」が当たり、Do（実行・促進）の実践を、誰でも簡単にできるようになりました。

チェックリストをもとに能力を獲得する過程で、新入社員は自信と達成感を覚え、それが成長意欲へとつながっていったのです。

スキルボックスで若手の未来を創る

スキルボックスは1能力と5つのサブ能力で構成されますが、サブ能力の数をすべて5つに揃えたのには、実は深い意味があります。これにより、スキルボックスを時系列で並べる形でのキャリア形成を視覚化した、キャリアマップ（デザイン）の設計が可能になったのです。

スキルボックスは横に積み上げると階段になり、キャリアビジョンを視覚化した能力ベースで認識できます。ブロックパズルのような能力の組み合わせにより、自在にキャリアマップの設計を行えるのが特徴です。

企業の経営者、人事担当者目線では、各種能力を装備したスキルボックスのカスタマイズにより、自社の求める即戦力となる能力を社員へ明確に示し、それらをもとに人材育成の計画を進められます。さらには、適切な人材の配置を検討できるようにもなるでしょう。一般社員目線では、獲得した能力の「見える化」はもちろん、スキルボックスを積み重ねた階段を上る過程で、自分自身の成長と、キャリアが形づくられる手ごたえを得られます。

スキルボックスは、能力の特定とアクションプランの実行のみならず、人と組織においての、能力開発のPlan（目標設定）とAction（行動修正）の最適化を叶えるのです。

次ページの図⑧にあるように、当社ではキャリアマップに入社3年後の人材像を想定し、在籍年数と本人の適性に応じた方向へ、スキルボックスを数個ずつ順次配置する設計としました。

最初に「入社1年目基礎」「2年目応用」「3年目マネジメント」と、入社年数別に各ス

図⑧〈3年間のロードマップ〉

キャリアマップ（デザイン）スキルボックスを時系列に配置設計

入社3年目：**専門**

組織マネジャー

プロジェクトマネジャー

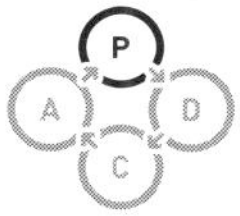

プロフェッショナル

入社2年目：**応用**

課題発見力

①ロジカルシンキングの基礎知識/フレームを理解している
②不安不満（問題課題）をそのままにせず書き出している
③書き出した課題を自分のできる解決策にして目標に設定している
④本質的で解決のインパクトがある課題は何かを意識している
⑤解決策により仕事や作業で効率UPしたことがある

計画力

①「重要度」「緊急度」で優先順位を決めている
②他者に依頼できるタスクを選定できている
③タスクの割り振り先の担当者を明確に決めている
④計画において自分と相手（顧客、上司等）の時間を確保している
⑤関係者も含めた実績時間の管理と差異の分析をしている

創造力

①クリティカルシンキングの思考方法を理解している
②日々の中で同じ作業を行う際には少しでも改善点を考えている
③何かを行う際の手順やアイデアは複数考えるようにしている
④何かを計画する際、常にifを考えるようにしている
⑤自らの創意工夫で考えた改善点を上長に提案する

傾聴力

①話を聞く際、メモを取って、常に携帯している
②話を聞く際、ノンバーバールスキルを十分に使っている
③相手の話をさえぎらずに最後まで理解しようと聴いている
④対立した意見でも直ぐに反論したりはしない
⑤話を聞く際、その人の背景や立場や意図も踏まえて聴いている

柔軟性

①教育指導や指摘について素直に受け入れ改善している
②苦手な人の意見でも良い点は認めて取り入れている
③他者からのアドバイスやオススメ情報を一旦試している
④意見の異なる人とは、どんな背景の差があるのかを考えている
⑤一度決めたことでも状況により臨機応変さを大切にしている

状況把握力

①チーム内の自分自身の役割責任を正確に把握している
②チーム内の自分自身の役割責任を全うしている
③チーム内の他メンバーの強み/弱みを把握している
④チーム内の他メンバーの役割責任を正確に把握している
⑤トラブルがあった際、冷静に情報収集し適切に判断できている

入社1年目：**基礎**

主体性

①指示受けの際に納期・目的・完成イメージを確認している
②自分の知らない事柄に出くわしたら自ら調べ尋ねている
③完了の報告時に次の仕事の話をしている
④ハイパフォーマーの仕事の進め方を学び行動に取り入れている
⑤自社、プロジェクトの共有フォルダのドキュメントを調べいる

働きかけ力

①先手挨拶を実施している
②ありがとう、ごめんなさいを言えている
③メールの返信や提出物を後回しにせずに迅速にやっている
④困っている人がいれば率先して教えている
⑤一人でやりきれない課題は他人に協力を得ている

実行力

①仕事の目標を明確にしている（納期・目的・完成イメージ）
②目標を分解してタスクリストの一覧にしている
③ToDo（やるべきこと）リストの作成と更新をしている
④タスクやToDOの優先順位付けができている
⑤実績時間の見積と記録と差異の分析をしている

規律性

①社会ルールの第一歩として清楚感ある身だしなみを行っている
②時間は1分でも遅刻だと理解し5分前行動を心がけている
③時間や締め切りに間に合わない場合、事前に連絡している
④約束した予定は必ず守っている
⑤組織のルールや指揮命令系統を理解して行動している

ストレスコントロール力

①業務遂行にあたって必要最低限の睡眠を確保している
②整理・整頓・清掃で身の周りを整えている
③自分なりのストレス発散方法を身につけ実践している
④ひと呼吸置いて怒りや悲しみをコントロールしている
⑤些細な事であっても自分ができたことに目を向けられている

発信力

①話の順番を問えるPREP法を意識している
②事実（客観）と解釈（主観）を仕分けして話すことを意識している
③細かな報連相を実施している
④会議やMTGで言うべき意見や不明点を質問している
⑤役に立ったこと、失敗事例などのノウハウを共有している

キルボックスを設置してあります。その内訳は、1年目には新入社員向けに基礎を配置、2年目には応用系を配置、3年目以降には本人の希望や適性に合わせ、マネジメントや専門系のスキルボックスが選択可能です。

スキルボックスの配置方法については、能力開発の優先順位を考慮しています。たとえば、入社1年目には、社会人基礎力の「前に踏み出す力」「チームで働く力」を中心に習得するべき能力を選んで、スキルボックスを設計（配置）しています。ただし、同じ社会人基礎力の「考え抜く力」の能力要素「課題発見力」については、現場を経験しないと見えない面もあるため、このスキルボックスは2年目に持ってきています。

入社2年目には、1年目で獲得した社会人基礎力を主とした基礎能力を応用した能力が設計されています。これらのスキルボックスを積み重ね、さらに高度な能力を身につけられる体制を整えます。

そして、入社3年目以降は、社員の適性や本人の希望をもとに、それぞれがスキルボックスを積み重ね、進みたい方向性を意識したキャリアデザインを行います。

組織内でメンバーを育てたいのであれば、組織マネジャー系の能力を磨く、あるいは、エンジニアとしての技術を極めるのであればプロフェッショナルを目指す。この先は本人次第で、将来のキャリア選択を見据えた設計も可能になります。

1つの能力の習得期間は、3ヵ月を目安に定めています。入社後から3ヵ月間は、「規律性」「情報セキュリティー」「ITリテラシー」などを習得し、チェックリストを達成した4ヵ月目からは、別のものに取り組むといった流れです。キャリアマップには年次別に習得する能力を一覧する機能があり、現在取り組んでいるスキルボックスの、次に対象となるスキルボックスが何であるかを確認できます。入社後の2年間で必要な能力すべてを習得する設計ですが、一覧を確認して取り組みたいスキルボックスがあれば、前倒しで実践することも可能にしてあります。

なぜそのような設計にしたのかと言うと、社員のフロー状態（圧倒的に生産性が高い状態）を維持するためです。次ページの図⑨を例に見ていきましょう。

社員本人が感じる、自分の実力と能力への難易度とが比例する、バランスの良いゾーンにフロー状態が位置するのがわかるでしょうか。

当事者の考える能力獲得に向けての難易度が、実力より上回る／下回る場合には、本人はやる気をなくし、能力の習得に打ち込めなくなるかもしれません。個々の能力や資質に

図⑨〈キャリアマップの設計のポイント〉

各能力を獲得した段階で次の能力を提示して退屈せず不安にさせないフロー状態に設計することが肝です

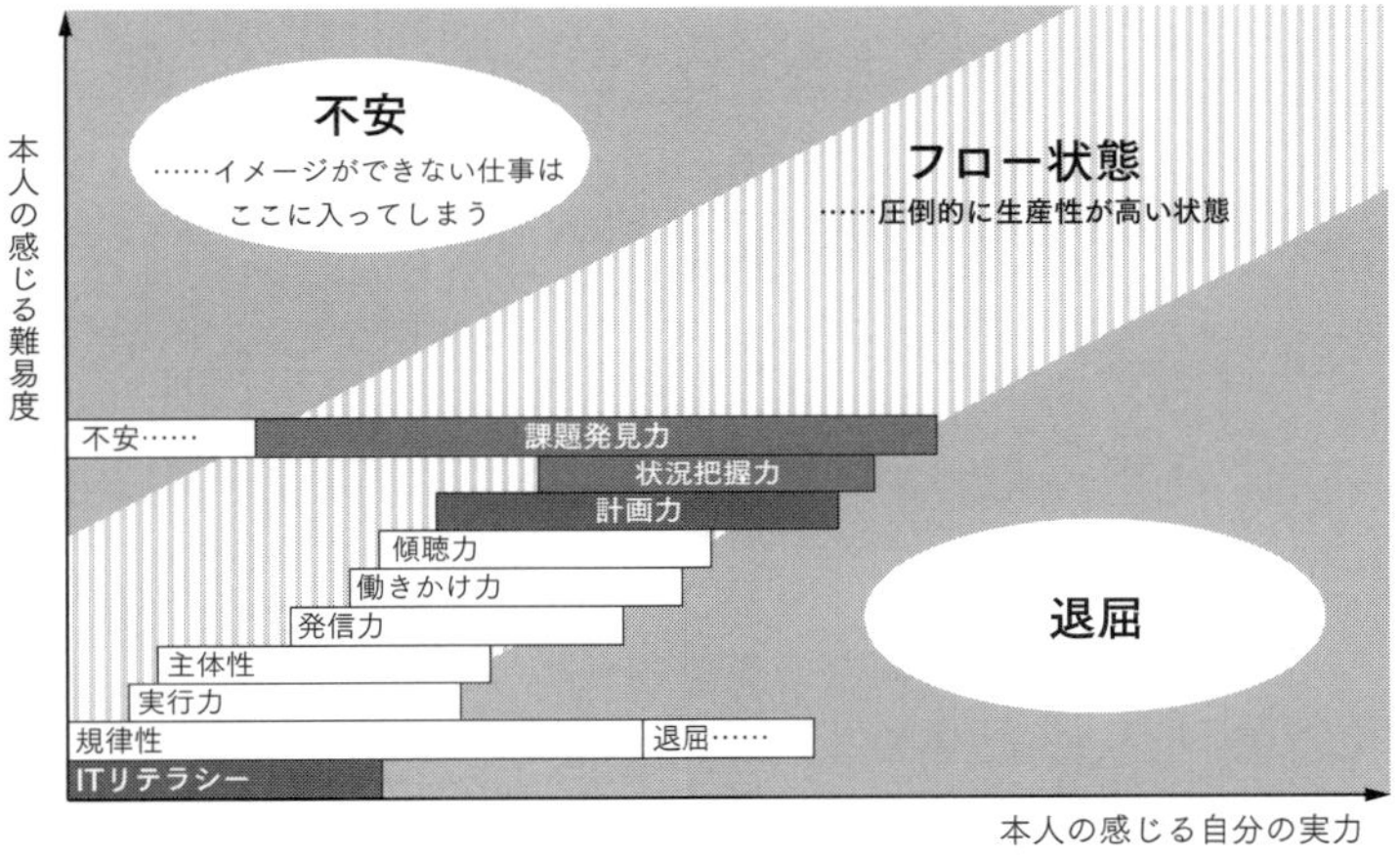

応じて、能力の習得期間などを調整する必要もあることを、能力開発を進める社員と上司は、事前に把握しておくことをお勧めします。

たとえば図⑨下から2段目の、簡単なルールを守る「規律性」にいつまでも取り組んでいては、時間が経つにつれて退屈します。そのような場合はタイミングを見計らい、別のものに変えなければなりません。

部下の習得レベルが、難しすぎず、簡単すぎないフロー状態に入っているかどうかに、上司は配慮すると良いでしょう。そのためにも、スキルボックスの配置には、無作為に能力を並べないよう留意してください。

キャリアマップは、各能力を獲得した段階で次の能力を提示するなどの工夫を凝らし、能力開発を行う社員が退屈や不安を感じない、フロー状態を保つ設計が肝となります。「あと少し手を伸ばせば届くかもしれない」と社員が思え、能力を身につけるための努力を苦に感じないゾーンに、階段状にスキルボックスを配置する。

それが、個々の行動意欲を掻き立てる、きっかけとなり、若手社員の未来を創る一歩につながると私は考えています。

ゲーミフィケーションを体感できるスキルマネジメント

ここまで、能力の「見える化」を軸に、能力開発について語ってきました。

実は、能力開発の視覚化で促進されるのは、行動だけではありません。行動を起こす動機となるプラスの感情も、社員の気持ちに芽生えるのです。

「見える化」されたチェックリストなどにもとづく一連の行動は、それらに取り組む意欲や、目標をクリアする達成感、将来のキャリアを描くワクワクを社員にもたらします。場合によっては、ゲームを攻略するのと同じような高揚感すら伴うかもしれません。

なぜ、業務を通して社員がプラスの感情効果を得られるのか。それは、スキルマネジメントに取り入れた、ゲーミフィケーションの要素が関係しています。

ゲームの要素を別の分野での活動に応用する取り組みを、ゲーミフィケーションといいます。ビジネスでは、「組織づくりや教育制研修にゲームの要素を取り入れ、社員との関係性を強化してパフォーマンスを高める施策などが該当します。

私たちが時間を忘れてゲームに熱中するように、ゲーミフィケーションには、参加者が自発的に物事を続けたくなる仕組みが盛り込まれています。

当社では、ゲーミフィケーションを用いたモチベーション向上のための手法を、スキルマネジメントの仕組みに組み込みました。能力開発のPDCAには、**「能動的参加」「賞賛演出」「成長の可視化」「達成可能な目標設定」「即時フィードバック」「自己表現」**の、これら6つの手法が反映されています。各手法によってもたらされる感情効果には、次のようなものがあります。

○**能動的参加**……「やらされている感」を持たずに行動する楽しさ
○**賞賛演出**……自分の行動を他人に褒められる嬉しさと喜び

○**成長の可視化**……上達が目に見える形で表されることへの、やりがいと嬉しさ
○**達成可能な目標設定**……少し頑張ればクリアできる壁に挑戦したくなる意欲
○**即時フィードバック**……行動への反応がすぐに返ってくる嬉しさと安心感
○**自己表現**……自分ならではのやり方を見つける楽しさや充実感

スキルマップでの能力一覧から、チェックリストによる能力の獲得とレベルアップ、キャリアマップを用いた成長へのプランニングを通して、社員はいずれかの感情を得ます。また、これらの業務には、各自が直接画面を操作して行動の結果を入力する作業が含まれるため、ゲーミフィケーションの効力はさらに増します。

自らの成長を数値化して客観的に判断し、さらなる高みを目指していく設計は、ロールプレイングゲームを彷彿させ、「攻略」の言葉が、しっくりくるのではないでしょうか。

ゲーミフィケーションへの取り組みを身近に感じていただくために、当社の「社会人基礎力診断」を例に解説してみましょう（次ページの図⑩参照）。

社会人基礎力診断では、スキルマップ・スキルボックスの達成度の集計をもとに算出された達成率を、点数で一覧して能力の分析を行います。スコアに表された達成度は、レー

図⑩ 〈社会人基礎力診断のサンプル図〉

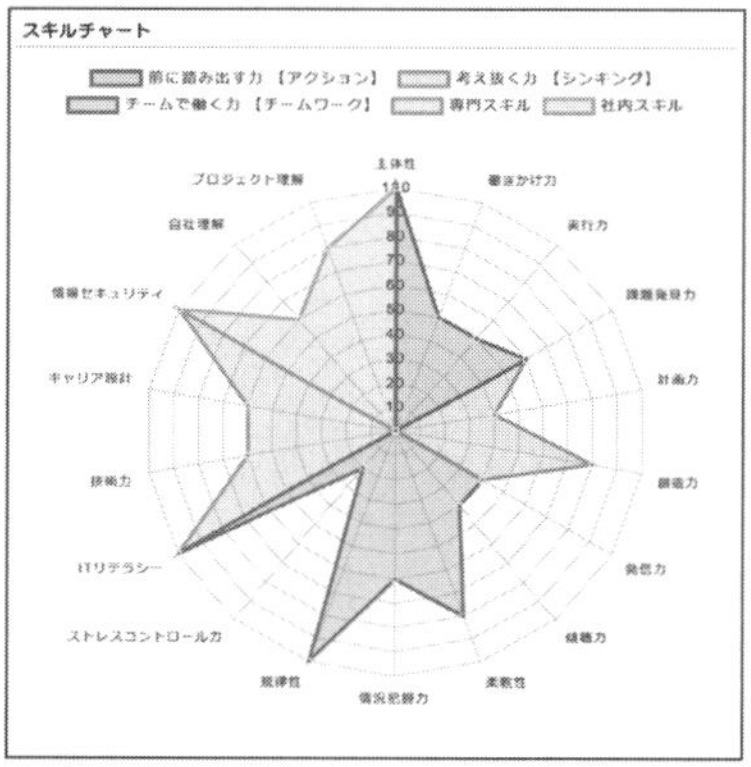

スコア分析

前に踏み出す力【アクション】	
主体性	100%
働きかけ力	50%
実行力	50%
考え抜く力【シンキング】	
課題発見力	60%
計画力	40%
創造力	80%
チームで働く力【チームワーク】	
発信力	40%
傾聴力	40%
柔軟性	80%
情況把握力	60%
規律性	100%
ストレスコントロール力	20%
専門スキル	
ITリテラシー	100%
技術力	60%
キャリア設計	60%
社内スキル	
情報セキュリティ	100%
自社理解	60%
プロジェクト理解	80%

ダーチャートで表示されます。

具体的に示される分析結果を前に、社員はスキルの達成度を数値で把握します。同時に、「見える化」された診断結果により、現時点での自分自身の強みと弱みを、目の当たりにするのです。

すると、自発的にキャリアに必要となる理想のチャートとの差分、スキルギャップを把握して、そのギャップを解消しようとしたり、次の結果を見る頃までには、どのような自分になりたいかを考えたりする意識が、おのずと社員に育まれます。

データを俯瞰して分析するもうひとりの自分が、自分自身を育成する。そんな気持ちを一人ひとりが持って業務にのぞめるようになるのが、ゲーミフィケーションの手法を業務に取り入れる、最大のポイントです。

自己成長の言葉には堅苦しい響きもありますが、ゲーミフィケーションの手法を用いると、自分を育てることへの興味や関心が湧くのではないでしょうか。私は多くの社員に、自分自身を育てる面白さに目覚めてほしいと願っています。

セルフマネジメントの定着がマネジャーを救う

海外のビジネス書で、「マネジャーの仕事には、そもそも部下の教育は含まれていない」というふうな言葉を見た覚えがあります。これには続きがあり、「なぜなら教育しなくとも、すでに能力を備えたプロフェッショナルな人材が部下として集まっているからだ」と、締めくくられていました。

私は改めて、欧米と日本とのマネジメントの相違点や、ジョブ型雇用とメンバーシップ型雇用の、根本的な概念の違いに思い至りました。このような言葉に触れて、ハッとするのは私だけではない気がします。

前項でも触れましたが、日本の企業には、上司とは部下の育成に全面的な責任を負う立場だとみなす慣習があります。とくに新入社員に関しては、初歩的な業務を含め、直属の上司が率先して教育にあたるべきとする風潮も根強く残っています。

本来であれば、部下の自律を妨げる上司のマイクロマネジメントは、できる限り避けるべきでしょう。というのは、セルフマネジメントを行える人物であってこそ、プロのビジネスパーソンと呼べるからです。

セルフマネジメントの習慣を持つ人材が集まり、自律した個々のメンバーによって、チームマネジメントや組織マネジメントが行われていく。それが、理想的な人と組織のあり方だと私は考えています。

けれども、残念ながら入社間もない段階で、セルフマネジメントの習慣を持つ社員は、極めて少数派です。家庭環境の影響などもあってか、自分の面倒を自分でみられない新入社員は、どの会社でも年々増えているようにも感じます。

自己管理の苦手な若手社員の増加は、今後も続いていくと予想されます。ですから、たとえ不本意であろうとも、一人前の社会人として通用するように、上司は部下を教育しなければならないのです。

だからといって、部下自身で取り組むような領域のマネジメントまでを、上司がすべて引き受ける必要はありません。

上司でなければ成しえない業務以外は、むしろ思い切って手放してみる。そのほうが、部下のセルフマネジメント能力は培われるはずです。

上司と部下とのもたれ合いを未然に防ぎ、個々の自律を促していくにはどうすればいいのか。その解決策のひとつが、これまでお伝えしているスキルマネジメントです。

当社では、上司が介入しなくても実行可能な能力開発の領域は、スキルボックスに紐づけた、eラーニング機能に任せています。最近では、YouTubeにも質の高いビジネススキルの動画が増えてきますので、そちらを活用するものよいでしょう。

この項では、能力開発のPDCAのDo（行動）に弾みをつける、eラーニングの仕組みをご紹介します。

図⑪ 〈e-Learningと連携で学習効果を高める ティーチングレスに〉

ライブ型オンライントレーニングで
身につくまでアウトプットができます

数分のショート動画で気軽に
マイクロラーニングができます

実行力【1週目】	自己チェック
①仕事の目標を明確にしている（納期・目的・完成イメージ）	□
②目標を分解してタスクリストの一覧にしている	□
③ToDo（やるべきこと）リストの作成と更新をしている	□
④タスクやToDoの優先順位付けができている 前日の夜(当日の朝)までに、当日仕事を進める順番を決めている	□
⑤実績時間の見積と記録と差異の分析をしている	□

規律性	自己チェック
①社会ルールの第一歩として清楚感ある身だしなみを行っている	□
②時間は1分でも遅刻だと理解し5分前行動を心がけている	□
③時間や締め切りに間に合わない場合、事前に連絡している	□
④約束した予定は必ず守っている	□
⑤組織のルールや指揮命令系統を理解して行動している	□

図⑪は、一般社員が習得するべき社会人基礎力の、「前に踏み出す力」に含まれる能力要素「実行力」を、本人が確認する状況を想定した画面になります。

たとえば、新入社員が①から⑤のサブ能力の自己チェックを行い、①「仕事の目標を明確にしている」を未達成であると判断したとします。

不明点が多く発生するチェックリストに動画を紐づけすれば、未達成から達成へと導くことが可能となります。この場合は、①の達成に役立つオンラインで受講可能なライブ形式のレッスン、「ゴール明示・業務分解レッスン」に導けば、新入社員は上司の指導がなくても、自分に不足しているスキルを動画で学べるわけです。

eラーニングの導入後、上司は動画で事足りる範囲であれば、複数の部下から寄せられる似た質問に、個別で応じる必要がなくなりました。一方で、部下もまた、上司の指導力のムラに影響されず、皆が同じコンテンツで学習を進められ、スキルの平準化と個々の成長に合わせた、自学が可能になりました。

昨今、リモート化が進み、企業におけるeラーニングの導入も盛んなようですが、個々の社員の成長過程と動画がマッチングしておらず、社員の視聴率が非常に悪いとの課題も多く上がっています。スキルボックスに紐づければ、社員本人のスキルギャップからの補填として活用できるため、視聴率の大幅な改善と成長を後押しする本来の役目を果たせます。

費用面についても、社員の育成にかかる人件費は0で、育成費用はシステムの導入費と月々の運営費のみでまかなえます。社員数が増えるほど、費用対効果は計り知れません。

eラーニングとは、人と組織にとって非常に効率の良い学習スタイルなのです。

eラーニング教材に、スキルと関連する動画も用意すれば、社員は自己チェックで特定された、サブ能力の不足を補うだけではなく、自分の興味を引いた関連知識を学ぶ機会にも恵まれます。

動画の視聴は2、3分で済むため、自宅のパソコンを開かずとも、通勤途中や隙間時間などを利用した、スマートフォンでの学習も可能です。

いつでもどこでも、本人主導でセルフラーニングを実行できるのは、eラーニングならではの良さといえるでしょう。

最近では、細々とした業務も含め全面的に上司に指導してほしいと願う若手も増えていますが、それらの要望を上司が無条件に受け入れるのは、本人のためにはなりません。「教え合う文化」の大切さは承知したうえで、私たちは教え合う内容を吟味するように、留意すべきではないでしょうか。

価値あるものに貴重な時間を注ぐために、省けるところは省く。部下から寄せられる問いの質を、もっと本質的な意義のあるものへ差し向ける、あるいは、部下の気づきを促す質問を上司のほうで引き出していく。業務対応で完結しない、高いレベルのマネジメントに上司が注力するためにも、社員一人ひとりに、セルフマネジメント能力を磨いてほしいと私は考えます。

能力・スキルを定着させるコツは週報システムにあり

前項では、eラーニングを活用した、セルフマネジメント方式による能力開発について解説しました。

続いて、能力開発のPDCAでは、Check（進捗管理）にあたる、週報を活用した、能力を定着させるコツを見ていきましょう。

本題に入る前に、皆さんへ質問をさせていただきます。
皆さんの会社では、週報の仕組みを業務に活用しているでしょうか。おそらく業務日誌のように個々の社員が記入するツールとみなし、各自の記入内容をデータとして共有する会社は、意外と少ないのではないでしょうか。
週報とは、あくまでも社員とその直属の上司とが共有するもので、それ以外では活用しない会社も一般的ではないかと感じます。

当社では、週報にスキルボックスのチェックリストを組み込み、上司は個々の社員の進捗状況の把握と管理を一覧形式で行え、部下は自分自身の能力・スキルの定着を振り返ることが可能な設計としています。

具体的な内容については、図⑫、図⑬を見ながら解説していきましょう。

当社では、図⑫、図⑬にある「実行力」を、新入社員が入社3ヵ月目までに習得したい能力に位置づけています。
たとえば、1週目、2週目……と3ヵ月の間、新入社員は項目内の①〜⑤のサブ能力が達成されているかを、繰り返し自己チェックします。各項目の達成度は、10点、80点など

図⑫ 〈毎週のチェックでスキルの定着化と成長を実感〉

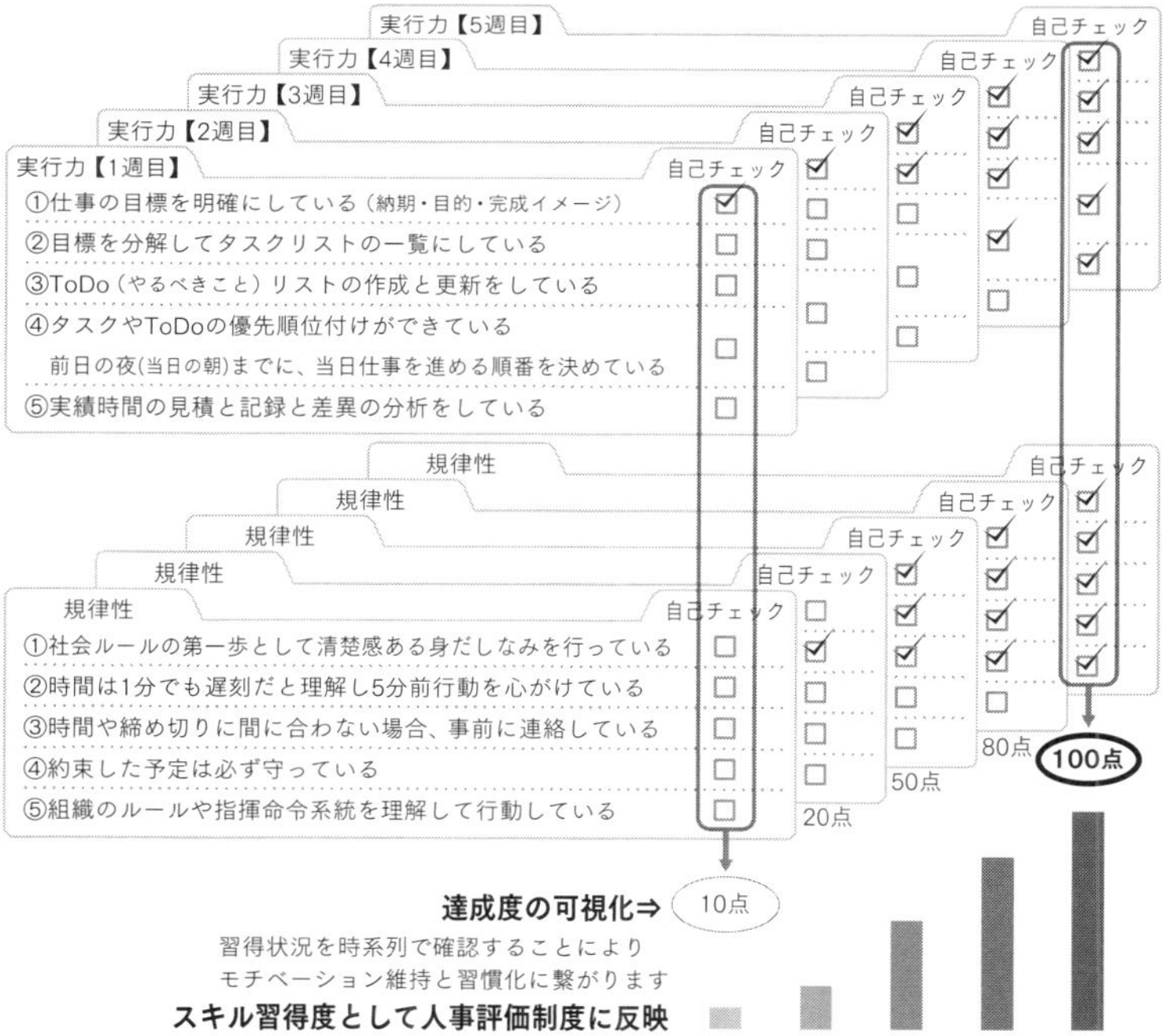
実行力【5週目】
実行力【4週目】
実行力【3週目】
実行力【2週目】
実行力【1週目】
自己チェック
①仕事の目標を明確にしている（納期・目的・完成イメージ）
②目標を分解してタスクリストの一覧にしている
③ToDo（やるべきこと）リストの作成と更新をしている
④タスクやToDoの優先順位付けができている
前日の夜(当日の朝)までに、当日仕事を進める順番を決めている
⑤実績時間の見積と記録と差異の分析をしている
規律性
①社会ルールの第一歩として清楚感ある身だしなみを行っている
②時間は1分でも遅刻だと理解し5分前行動を心がけている
③時間や締め切りに間に合わない場合、事前に連絡している
④約束した予定は必ず守っている
⑤組織のルールや指揮命令系統を理解して行動している
20点
50点
80点
100点
達成度の可視化⇒
10点
習得状況を時系列で確認することにより
モチベーション維持と習慣化に繋がります
スキル習得度として人事評価制度に反映

図⑬ 〈週報に能力チェックリストを反映〉

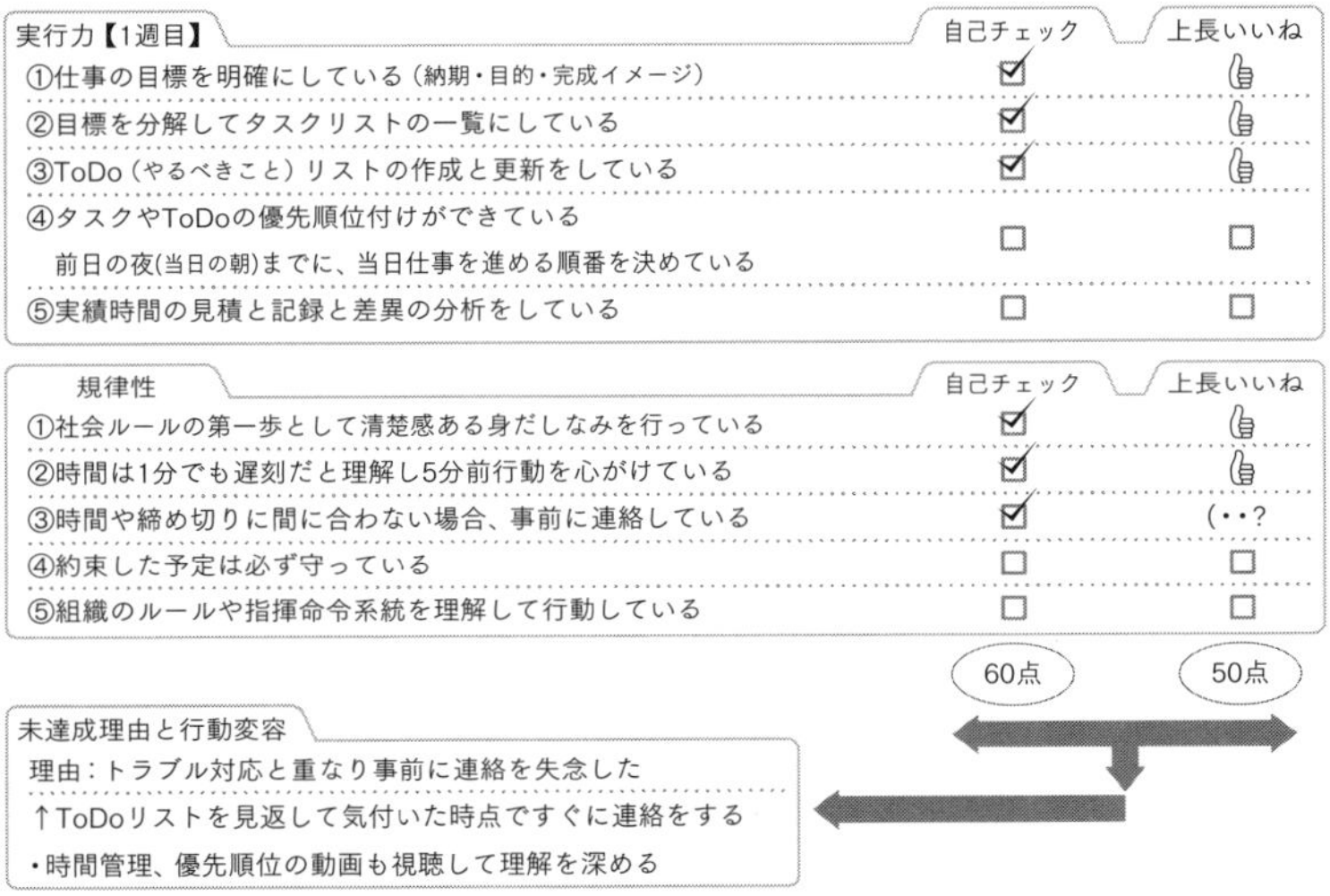

実行力【1週目】	自己チェック	上長いいね
①仕事の目標を明確にしている（納期・目的・完成イメージ）	☑	👍
②目標を分解してタスクリストの一覧にしている	☑	👍
③ToDo（やるべきこと）リストの作成と更新をしている	☑	👍
④タスクやToDoの優先順位付けができている	☐	☐
前日の夜(当日の朝)までに、当日仕事を進める順番を決めている		
⑤実績時間の見積と記録と差異の分析をしている	☐	☐

規律性	自己チェック	上長いいね
①社会ルールの第一歩として清楚感ある身だしなみを行っている	☑	👍
②時間は1分でも遅刻だと理解し5分前行動を心がけている	☑	👍
③時間や締め切りに間に合わない場合、事前に連絡している	☑	(・・?
④約束した予定は必ず守っている	☐	☐
⑤組織のルールや指揮命令系統を理解して行動している	☐	☐

60点　　50点

理由：トラブル対応と重なり事前に連絡を失念した

↑ToDoリストを見返して気付いた時点ですぐに連絡をする

・時間管理、優先順位の動画も視聴して理解を深める

点数で評価され、社員自身が習得状況を時系列で確認できます。

達成度は3ヵ月間の平均値を用いて評価されるため、社員はスキル習得へのモチベーションを維持し、自分の行動を振り返る習慣を自然に身につけられます。

図⑬にあるように、①～⑤のサブ能力達成は、本人の主観だけでは決定されず、常に上長などの評価者の判断を加えたダブル・チェック方式で判断します。チェックリストが達成できなかった場合は、その理由を必ず記入する決まりとなっており、「未達成理由と行動変容」の欄には、未達成となった理由が記されています。

　ここで皆さんに注目してもらいたいのは、未達成理由を挙げるだけではなく、達成に向けて次週に取るべき具体的な行動も書かれている点です。

　単なる業務報告で終わらずに、未達成の項目を達成するための行動目標を記入することで、社員の内省は深まります。もし、未達成項目を達成すれば本人の意欲は高まり、仮に未達成のままでも、自分の行動を振り返り、気づきを得られるからです。

　成長理論における、「獲得したい能力にたえず意識の光をあてる」の観点からも、①～⑤の達成度を週ごとに追っていく仕組みは、能力の定着につながる行動を社員へ促します。加えて、自分の成長度合いがチェックリストの達成率で確認できるため、次はどの能力を身につけようかといった個々の成長意欲も刺激されます。

　新入社員でも入社数ヵ月も経つ頃には、チェックリストを使いこなし、能力を確実に身につけながら、自己の成長を実感できるようになるのです。

　さらに、能力の定着を心がける意識は、本人の「規律」に従う行動に表れ、職場でのトラブルは減り、お客様からの評価も上がります。週報を使った能力の定着と業務の進捗状況の管理により、社員各自のやる気を増大させる好循環が生まれると言っても過言ではありません。

成長とは、できなかったことを、できるようにすることであり、人を育てる側は「できない」事実を、社員へ認識させる立場にあります。

ところが、現実では「できないこと」への気づきを、社員がおのずと得られるような機会は滅多にありません。むしろ、上司に怒られて初めてそれが判明するような、本人のモチベーションが下がる、気づきの瞬間に遭遇するケースが大半ではないでしょうか。

能力チェックリストを反映した週報の利点に、そうした上司と部下との、心理的なぶつかり合いを避けられる点を挙げられます。チェックリストによる達成度の可視化で、上司に指摘されるまでもなく、本人が毎週の振り返りを通して、未達成の項目を何とかしようと自発的に手を打てるからです。

早い段階で次の行動目標を部下が立てると、上司もそれに関する助言をしやすく、仮に思わしい結果とならなくても、チェックリストにもとづいた指摘をするだけで済みます。データを介した上司と部下との話し合いでは、個人と問題（未達成）や成果を切り離した、フラットな態度での、心理的な負担の少ないコミュニケーションが可能になるのです。

能力の達成度は、社員一人ひとりの勤勉さや、仕事への向き合い方とも比例します。週報とチェックリストの運用により、上司の側では、社員の達成度が低下した場合には、速やかに措置を取れるようになりました。チェックリストのデータ化で表れた社員の意欲の低下に気づき、個別に声がけを行い、相談にのるなど、より効果的な部下への支援が可能になったのです。

組織全体としても、早期離職につながる兆しも見逃さない体制が整い、離職率の改善につながったのは言うまでもありません。

能力の定着を週報で振り返るシステムは、個々の社員が、どのような気持ちで仕事に向き合っているのかを定点観測するツールとしても非常に優れていると私は思います。

大離職時代に備えて「人」を育てる「仕組み」に投資・整備せよ

セミナーや同業種の集まりで、マネジャー、人事担当者の方々と会うと、そこでは必ずと言っていいほど、耳にする声があります。それは、ようやく独り立ちして今後の活躍を期待していた若手社員が、すぐに転職してしまうという嘆きです。

「転職をあおるようなＣＭを見るたびに頭にくる」「若者の早期退職に肯定的な世の中の風潮に、はらわたが煮えくりかえります」

一見過激にも感じますが、これらの発言は、現場で部下の育成に日々奮闘している側の、心の叫びでもあるのです。

前にも述べたように、２０１７年には当社でも若手層の早期退職が続き、離職率が40％を超えました。当時のプレイングマネジャー陣は、「（新人には）もう教え損ですよ」と、諦めの気持ちで部下の指導に当たっていました。

時間と労力をかけて人を育てても、本人が辞めてしまえば、能力や知識は会社で活かされません。そして、すべてが無駄となった後には、管理職の過剰労働によるエンゲージメントの低下と、新人教育に費やした報われない徒労感だけが残ります。

痛い経験から私は、人任せではない社員の育成手段を、早急に構築する必要を痛感しました。それと同時に、「人材育成」そのものへの疑問を抱くようになったのです。

誤解を恐れずに言えば、「人材育成」とは、企業が社員を採用するための方便ではないでしょうか。

第１章でも触れたように、「当社は人材教育に力を入れています」などのうたい文句に惹かれた新入社員は、その会社に魅力を感じて就職を決めます。しかし、いざ入社してみると採用段階で聞いた話とは違い、企業側が適切な成長環境を整備しておらず、若手社員がやる気をなくしてしまうケースも、よく見聞きします。

希望とは反する環境で過ごすうちに、自分のスキルや能力に不安を感じ、会社への帰属意識を持てずに転職を余儀なくされる。そんな若手社員も少なからず存在するでしょう。

そのような現象が起きるのは、「人材育成」への企業側の本気度が低いからではないでしょうか。それに加えて、「教え損」の言葉が表すように、従来型の「人」を介した教育方法が、破綻しつつある事実も関連しています。

「人材育成」に対する企業の本気度に言及しましたが、セルフマネジメントの項でも語ったように、本来であれば社員それぞれが、自学・自習する組織が最も理想的です。自ら学びを求める、向上心のある社員が増えれば、本人が学習できる環境を整えるだけで自動的に人材は育っていくでしょう。そこに、上司への過剰な負担を強いる「人材育成」は不要です。

自律的な組織においては、「教え損」といった言葉は聞かれなくなり、上司から部下への指導や対話も、本人の成長を支援する有意義なものへ変わるはずなのです。

ただし、そのような組織体制を一気に構築しようとしても無理があります。欧米のように、仕事と能力のマッチングを前提としたジョブ型雇用でない限り、即戦力となる能力やプロフェッショナルな姿勢を、新入社員に求めるのは現実的ではありません。

日本企業でも、メンバーシップ型雇用からジョブ型雇用への移行が始まっているとはいえ、現在は過渡期にあたります。

そのような現状を踏まえると、前章でもお伝えしたように、人任せではない能力開発に取り組めるかどうかが、企業の未来を変える分岐点になると私は考えています。

第3章

人事評価制度の限界とスキルマネジメントとの融合

人事評価制度の役割とは

人事評価制度の役割について、皆さんはどのように認識しているでしょうか。

会社の運営と最もかかわりが深い、この制度の策定や制度の運用・定着には、多くの企業が悩まれていることと思います。当社も人事評価制度のプレ運用や改正を経て、ようやく現行の制度に落ち着きました。

人により見解は異なると思いますが、人事評価制度とは、会社の方向性を体現する、ミッション・ビジョン・バリューにもとづく経営戦略を実現するための制度だと私は考えます。

人的資本である従業員の組織への最適化を見据えた、マネジメントによる人材の管理が要となり、会社の成長に貢献する社員を、正しく評価する制度であることが求められます。

そのため制度には、企業文化の醸成、社員の目標・役割の明確化、貢献査定、社員の能力開発・能力把握などを反映させなければいけません。エンゲージメントの観点からも、人事評価制度による従業員エンゲージメントを高めるための仕組みづくりが、人と組織の成長には欠かせないといえるでしょう。

ただし、私は人事評価制度を本当に使える制度とするためには、能力開発を制度から切り離すほうが良いと考えています。なぜこう言えるのかというと、人事評価制度の運用を軌道に乗せるまでの、数々の苦い経験があるからです。

当社は過去に一度専門家を招いて、自社における理想の人材像を描き、それにもとづき社員に求められる必要事項をピックアップする方法で、人事評価制度を構築しました。苦労しながら、初めての人事評価制度を完成させた時には、もうこれで会社の将来は安泰だ、と喜んだ記憶があります。ところが、いざ運用を開始すると、人事評価制度と現場の社員との間での乖離が目立ち、管理職に超過業務を強いることになるなど、期待した効果を得られませんでした。

2016年に調査を始めた、エンゲージメント・サーベイの診断でも、自社の弱みに制度待遇が上がり、人事評価制度がうまく機能していない実態が浮き彫りになりました。その結果を踏まえ、当社では人事評価制度の見直しを、段階的に進めていくことになったのです。

賃金テーブルの再設計と昇給・昇格基準の見直し、社員の成果目標を自社のMBOに定め、人事評価制度を連動させる仕組みづくりなど、運用開始から約3年間、改善に取り組みました。

中でも、社員の能力開発を人事評価制度へ反映させようと試行錯誤したことが、システムによる能力開発と評価制度との、2段構えで進める人材育成方法の確立につながりました。

ある書籍によると、人事評価制度とは構築が3割、運用が7割といわれています。私もこの見解には同感で、人事評価制度を運用する過程で評価制度そのものを、自社の実態に沿うものへと、チューニングしていくのが運用の肝になると感じています。

この章では、当社が人事評価制度を最初に策定したのち、改定に至った経緯で学んだ知恵をもとに、人と組織の生産性を高める、人事評価制度について語っていきたいと思います。

人事評価制度の設計ポイント1

KGI（最重要目標）・KPI（中間目標）・MBO（成果目標）を連動させる

この項では、人事評価制度を策定・運用する時に、とくに留意しておきたいポイントを解説します。御社の人事評価制度と比較しながら、読み進めていただければと思います。

1．人事評価制度（査定）と給与・賞与は紐づけられていますか

当たり前と言われそうですが、人事評価制度（査定）と賃金モデル（給与テーブル、査定のテーブル）が紐づいているかどうかは、最初に押さえておきたいところです。

社員目線で考えると、給与体系が整っていなければ、社員の働きを正当に評価する会社に自分は勤めているのだろうかと、社員自身に迷いが生まれます。それが高じると、人によっては会社への信頼が揺らぐ場合も考えられます。

納得のいかない待遇に、仕事で頑張っても報われないと感じる出来事が重なれば、他の会社で働こうかと、転職を思い立つ社員が出ても不思議はありません。

このように、人事評価制度と賃金モデルが明確に連動しているかどうかは、人材の流出とエンゲージメントの観点からも、非常に重要なポイントになるのです。

当社では、東京都の情報サービス業に従事する従業員の賃金平均と比較しながら、役職別の賃金テーブルを作り込みました。給与体系については、閲覧可能な情報として社内で公開し、その内容を全社員で共有しています。

社員の採用時には、入社年数・役職別に、どのように賃金が上がるのかを視覚化した、モデル賃金を提示しています。さらに、入社後の研修では講師の方を招き、自社の賃金体系の仕組みを学ぶ機会を設けています。

賃金モデルを社員に公開するかどうかは社風によりますが、透明性を大切にするのであれば、公開に踏み切ったほうがいいと私は思います。企業文化に一貫性や透明性を謳っている会社であれば、給与体系に関する情報はオープンにするのが、従業員のエンゲージメントを高めるうえでも望ましいでしょう。

当社は人事評価制度をオープンにすることで、社員に対する組織の誠実性を表しています。実際に、これまで社内アンケートで「賃金モデルを公開してくれる点が非常に信頼できます」と、複数の社員から好意的な感想が寄せられています。

当社での社員の反応からも、仮に同業他社と比べて給与水準が見劣りしても、そのような理由で公開をしり込みしなくても良いと断言できます。社員との関係性にもよりますが、正直に自社の現状をさらけ出すのも、ひとつの方法だからです。

賃金モデルを公開すると、「皆でこの水準を一緒に上げていこう」「会社の成長に合わせて給与は底上げされる、だから皆で頑張っていこう」といった話をする機会にも恵まれます。

やり方次第ではありますが、私は給与体系を整備して公開に踏み切ることは、社内の一体感と目標達成への意識を高めるなどの、好ましい結果を得ると考えています。

2. KGI（最重要目標）・KPI（中間目標）・MBO（成果目標）を立てていますか

給与・賞与等の処遇の査定を定めたら、次は経営目標を達成するために自社の目標・役割を明確にして、社員の目標との方向性を合わせる必要があります。それには、会社の最重要目標であるKGIを見定めて、その先行目標となるKPI（中間指標）を選定し、定量・定性的に人事評価制度の成果目標となる、MBO（成果目標）に反映させなければなりません。

KGI⇩KPI⇩MBOというふうに、会社目標と人事評価項目の連動により、会社の業績は上がります。社員の成果が業績と比例するように、3つを紐づけた評価制度とするのがポイントです。

各目標はKGIを決めてから、KPI、MBOの順に立てます。会社の業績を因数分解して、収益がどこから発生しているかを特定するのが最初の一歩となります。

当社ではIT派遣・SES事業の形態上、派遣者数の増加が業績の向上に直結するため、総稼働人数をもとに、KGIを特定します。「SES／派遣総稼働数90名」といった、人数を具体的な数値に設定しています。

KPIについては、部署ごと・役職ごとに個々に目標を立てます。部署であれば、本社営業部では「新規稼働20名」、IT事業部と人材開発室では「既存増員15名／26案件」のように、目標人数や案件獲得数を定めています。

MBOに関しては、役職ごとに異なる成果目標を設定し、各目標を複数の項目に分けて提示しています。たとえば、一般社員では、「スキルマップの習得度」「顧客満足度」「個人インシデント件数」を、達成するべき具体的な成果目標に掲げています。

KGIとKPIで目標を数値化した次には、目標達成の進捗状況を把握するために、定期的に会議を開きます。当社であれば、派遣している社員の稼働数や、ITスクールの運営状況、役職者への昇格人数など、KPIのスコアボードを追っていく業務にあたります。

人事評価制度と目標を連動させても途中経過の確認を怠ると、業績の向上は難しいかもしれません。半年、3ヵ月、1ヵ月、週単位など、期間を定めてKPIの到達度を振り返り、今後の動向を決めるためにも、会議体の設計を忘れないようにしてください。

目標達成に向けてのPDCAを回し続けるには、データで見える化した各スコアボードの内容が、社員のどの層に響くのかを見定め、話し合える体制を整えるのが重要です。組織内で会議を行うことを習慣とづけるためにも、毎週、毎月と規則正しくリズムとなるような会議体の設計を心がけましょう。

人事評価制度の設計ポイント2

評価項目数は少な目が効果的と心得よ

能力開発を意識しすぎると、評価項目の内容は多岐にわたり、その数も多くなりがちです。私が聞いたところによると、100項目にも連なる評価項目を作成して、それを上司と部下がひとつずつ面談でヒアリングをしながら、評価シートに記入している会社も存在します。

評価項目が増えるに従い、その評価には膨大な時間と工程がかかるようになりますが、コンサルタントの指導で人事評価制度を導入した会社では、この傾向が顕著にみられます。

人材育成に熱心に取り組もうとする会社ゆえに、評価項目数が充実していくのです。

人事評価制度は査定だけではなく、経営目標と社員の成長を実現するためにあると考えられています。そのため、人材育成や能力開発を制度に含めると、評価すべき内容は広範囲に及び、その結果、運用に困難がきたすレベルに到達してしまうのです。

もしかすると御社でも、心当たりがあるのではないでしょうか。

当社で初めて人事評価制度を作成した時の評価項目数は、当社における理想の人材像が備える能力項目数と一致する60前後に上りました。しかし、さまざまな能力を網羅する評価項目を並べても、社員の能力開発の面では、これといった成果は表れませんでした。

そこで、現在では一般社員に至っては、評価項目はわずか5項目としています。9割を削減しても問題はなく、逆に評価項目を絞ったからこそ、管理職に過剰な負担をかけない、効率的な人事評価制度の運用ができています。

評価項目数を途中で減らしたのは、制度の運用から1ヵ月を過ぎた頃に実施した、中間面談がきっかけでした。なんと評価者、被評価者ともに、ほとんどの評価項目の内容を覚えていなかったのです。ただし、それには理由がありました。

皆さんは、心理学者のヘルマン・エビングハウス氏が提唱した、忘却のメカニズムをご存じでしょうか。「エビングハウスの忘却曲線」で知られるエビングハウス氏は、時間と記憶の相関関係を検証しました。

彼の実験によると、学習した内容は1ヵ月後には、約80％が忘れられると判明しました。つまり、一度覚えた事柄は反復して学ぶ機会がないと、その大半は身につかないのです。

また、次ページの図⑭の縦軸の「節約率」は、学習した内容を再度学習する際に、どのくらいの時間を節約できるのか（1回目よりもどれだけ短い時間で覚えられるか）を表します。時間が経過するにつれて、同じ知識を学ぶための所要時間が増えるのがおわかりでしょうか。

このメカニズムを、人事評価制度に置き換えてみましょう。評価項目数を増やし、評価期間を長くするほど（評価期間が間隔を空いてしまうと）、能力の習得と定着は困難になります。第2章でも説明したように、能力は「意識の光」を当て続けないと忘れさられます。評価項目を定めても、対象者が能力の獲得を意識した行動の継続を怠り、自身の行動を振り返る機会もなければ、その獲得までには至らないのです。

図⑭ 〈エビングハウスの忘却曲線〉

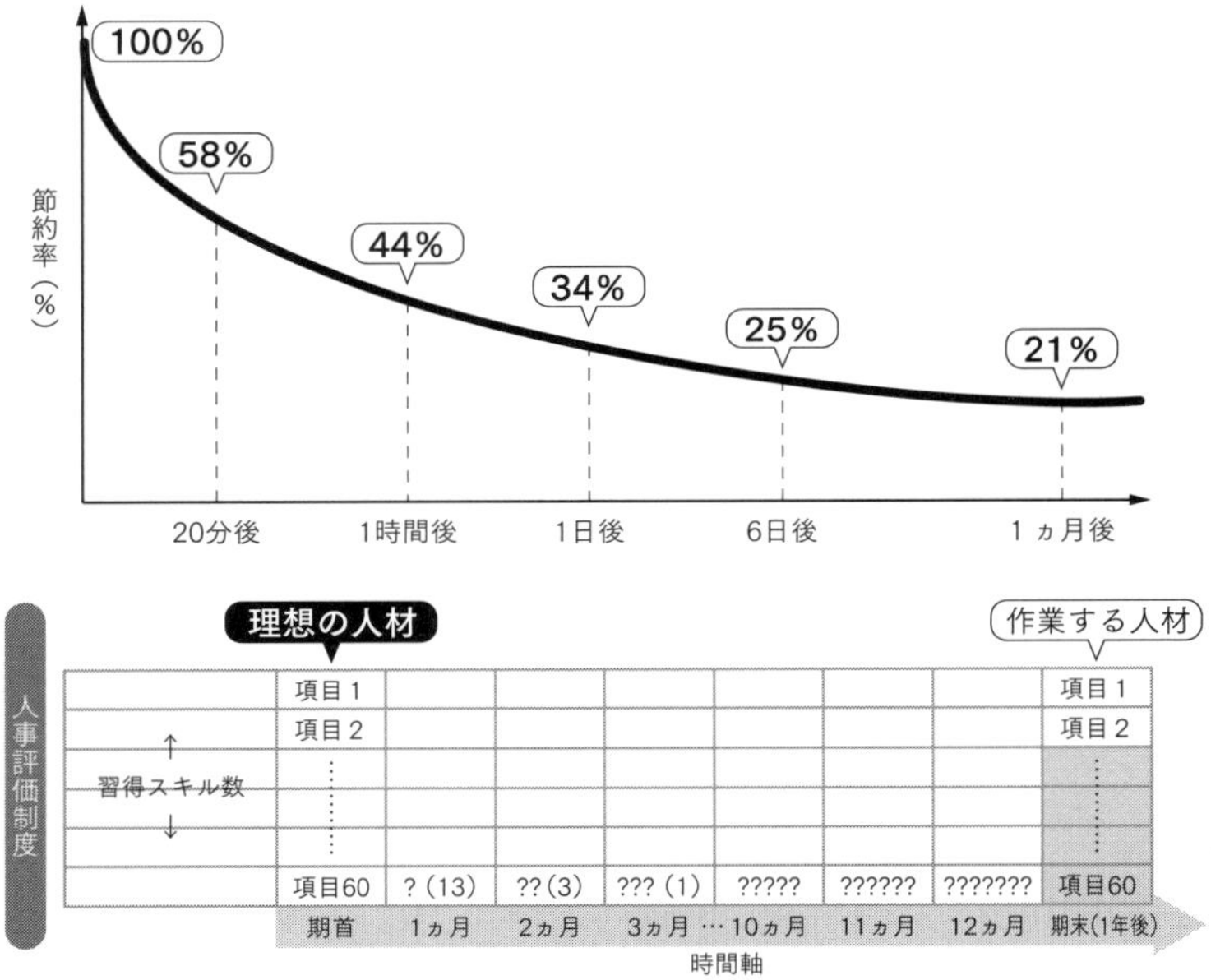

その評価項目覚えてますか？

理想の人材像を設定し身につけるべき能力と評価項目を豊富に設定するものの、評価面談時にはほぼ忘れているのが実態ではないでしょうか？

例えば、項目数60個で、開始も翌月にはエビングハウスの忘却曲線から79%減の13項目しか本人は覚えていません。3ヵ月評価面談を実施しなければ、評価項目もほぼ思い出せない状況になっている可能性が高いです。そのため、期末には項目のコメント欄に、作業した内容を振り返って書き込むだけの記憶を思い出す作業、査定のための作業に終始しています。さらに項目数が多いと、そもそも優先順位がわからない状況になっているかと思います。理想の人材像を掲げ、会社を担う人材を育てたいのに、蓋を開けてみると、新人が育たない、単なる作業者だと、嘆く事態になっていませんか？

ところが、評価期間は1年に1回であるにもかかわらず、評価項目を数十項目作成している会社も珍しくはありません。

評価項目が多すぎて学習しきれないところに年に1回の評価では、評価面談時には一般社員の現場での経験をもとに、マネジャーが無理やり評価項目を埋めることになります。業務実績を評価項目と突き合わせて、それに似たようなものを探し出して評価する、いわゆる査定のための評価制度になるのです。

そのまま何も変えずに運用を続けていると、社員の成長は作業マニュアルに書かれた、最低限の知識や能力だけを習得する段階で伸び悩むかもしれません。それでは、どれほど充実した評価項目を作成しようと、人事評価制度を実施する意義が薄れます。とりわけ、多数の部下を抱えるマネジャーからすると、業務の工数が増加するうえに、一人ひとりの実績を記憶の中から探り出す作業に追われ、たまったものではありません。ですから、可能な限り項目数を絞り、評価面談や振り返りなどの機会を増やすことが重要になります。

評価項目数を充実させると部下本人以上に、評価者であるマネジャーが業務を処理しきれなくなる可能性もあります。目安としては、評価項目数を10項目ほどに厳選するのが、制度を効果的に運用するポイントだと思います。

ＭＢＯ（成果目標）で経営戦略と人材戦略を連動させる

前の項ではＫＧＩ（最重要目標）、ＫＰＩ（中間目標）などの業績評価指数で表される経営目標とＭＢＯ（成果目標）を関連づけた、人事評価制度の設計が肝だとお話ししました。社員がＭＢＯの達成に集中すると、結果として経営目標を達成できる状態に制度を紐づけておくのが大切です。

第2章でお伝えしたように、スキルマネジメントでは社員の能力の定着と能力の把握を確かなものとするため、週報システムに人事評価制度を連動させた能力開発を行います。ＭＢＯに設定された成果目標は、同時にコンピテンシー（行動特性）とみなされ、社員が業務の中で獲得すべき能力として、その達成度を毎週振り返ります。したがって、社員が習得すべきコンピテンシーを包括する、ＭＢＯを評価する回数も、通常の人事評価制度よりもかなり多くなります。

当社では、毎週1回の週報振り返りから始まり、1ヵ月後、3ヵ月後と経過を追いながら、評価面談では「〇〇の点数は何点、前回の未達成項目は改善できたか」などの具体的な内容を、上司と部下が確認しあいます。ここまでＭＢＯの達成を詳細に追跡している企業は、おそらく稀ではないでしょうか。

ＭＢＯの達成度は、社員の成長度合いをダイレクトに反映しており、達成・未達成を点数で数値化したデータは、部下本人と上司がシステム上で閲覧可能です。データに落とし込んだ目標の達成度を、評価面談で双方が眺める行為は、社員の内省を促します。

社員は自分に身についている能力・身についていない能力を目の当たりにし、今後の行動をどうしていけばよいのかなど、本人なりの気づきを得ます。そして、その気づきを仕事の現場で活用しようとする気持ちが、ＭＢＯの達成を目指す過程で社員の心に育まれるのです。

このように、能力開発のＰＤＣＡを回すことが社員のＭＢＯの達成を可能にし、個々の社員の実績の積み重ねによって、会社のＫＧＩは達成されます。一人ひとりの社員が達成したＭＢＯの集大成が、自社のＫＧＩとなる一連のサイクルが生まれるのです。

もし、社員がＭＢＯに対して成果を出しているのに、売上や利益率が上がらない場合は、人事評価制度の設計そのものを見直す必要があるというサインかもしれません。

経営戦略と人材戦略が連動していなければ、仕事を頑張っても一向に業績が上がらず、社員のやる気は下がり、従業員エンゲージメントにも乖離が生じます。KGI、KPIとMBOとは、それぞれの方向性を必ず合わせるように留意してください。

業績と連動するKPI（中間目標）は特定できていますか

ここまで、経営目標に掲げる業績の達成には社員の目標達成が必要条件となり、経営戦略と人材戦略の連動がカギを握るとお伝えしました。

ただし、その前段階として経営者側は社員への、目標達成への意識づけがされているかどうかを確認しておかなければいけません。このチェックをしないままゴール（＝業績）を目指すと、会社の方向性とは一致しない目標にめがけて動き出す社員もいるからです。

そのような誤りは、社員自身の軽率さや上司の指導不足というよりも、人事評価制度が適切に運営されないために発生する場合が大半といえます。

私は会社の最重要目標（KGI）を達成するには、部署単位や社員の役職別での、KPI（中間目標）の立て方が大いにかかわってくると考えています。会社側で、いかにシンプルで社員にわかりやすいKPI（中間目標）を設定するかが、人材の育成と業績の向上を叶えるための、重要な要素となるのです。

ＫＰＩの面白い事例に、サッカーワールド杯のドイツ代表チームが掲げた、シンプルなＫＰＩの話があります。優勝というＫＧＩに向かい、チームが立てたＫＰＩは、「短いパスを出す」という目標でした。

明快で簡潔なＫＰＩですが、綿密にデータ分析をした結果から求められています。選手がパスを受けてから、次のパスを出すまでの時間が短いチームほど強豪チームであると判明したため、パスを出すまでの時間短縮をＫＰＩに定めたのです。

このＫＰＩは、「周囲の状況判断をせよ」とは違い、抽象的で解釈に迷う複雑な要素がなく、どの選手でも気軽に実行できる点が優れています。ともすればＫＰＩを漠然と定めてしまうこともあるだけに、データにもとづき現場レベルで実践可能な中間目標を立てる大切さに、私自身が気づかされたエピソードでした。

たとえば、当社では一般社員のＫＰＩに、資格取得率を定めています。

新入社員は、入社１ヵ月の間に研修を受けて、ネットワークエンジニアとしての登竜門となる、シスコ技術者認定資格ＣＣＮＡ（アソシエイト）の習得に励みます。その後は、Ｃ

CNAの上位資格となる、CCNP（プロフェッショナル）の資格を取得してITインフラエンジニアを目指します。

これらの資格を取得した社員は派遣先での単金が高くなり、社員本人も資格を取得した自信から、新規のプロジェクトにも積極的にも参加するようになります。社内スキルを高める学習にも意欲的に取り組み、本人の技術や能力は伸びていき、それと比例するように業績も上がります。

ちなみに、当社で一般社員に取得を推奨している資格は、シスコシステムズが認定する、世界水準のITスキルであり、自社以外でも通用するポータブルスキルに該当します。

履歴書に書ける公的資格の取得は、社員自身の仕事への自信につながり、資格を武器に高度な案件の交渉を進められるなど、本人のキャリアにプラスの作用をもたらします。そのうえ、お客様からは「シスコ社認定資格の保持者なら仕事に意欲的で教える手間が省ける」と重宝がられ、会社の売上も増加をたどり、ウィンウィンが成り立つのです。

このように、シンプルで社員本人の付加価値となり、かつ会社の利益にも直結するようなKPIを特定して評価制度に反映させることは、自社と社員自身の目標達成と社員のモチベーションの向上には非常に効果的と言えるでしょう。

もっとも、ＫＰＩの選定は、業績を構成する「売上」「諸経費」などの要素の、どれを評価するかにより変わってきます。

今期は「売上」を中心に据えるというふうに、会社が向き合う課題や時期によっても変動します。それぞれのタイミングで、会社側が社員に何を求めるかによりＫＰＩは異なってくるため、明確な目標を決定しづらい面もあるかもしれません。

会社の事情があるにせよ、ＫＰＩの特定では、会社側で算出した数字を無理やり社員の目標に落とし込んではいけないと私は思います。

会社の上層部から、ノルマのように目標を提示しても、社員が能動的に仕事と向き合えるでしょうか。ＫＰＩを定める時には、現場で働く社員の業務とリンクした内容で、本人が達成した後の、成長した自分をイメージできる目標を設定するのが大切なのです。

会社目線と本人目線での目標を絡めたＫＰＩを特定する。それが、人と組織をともにゴールへ導くための、最良の戦略だと私は考えています。

企業理念はコンピテンシー（行動特性）で浸透させる

ミッション・ビジョン・バリューにもとづく経営戦略の達成には、ＫＰＩ（中間目標）を特定したのち、社員が具体的な行動を重ねる必要があります。その際に、社員がゴールに向かって正しいルートを最短で進むためのガイドが行動指針になります。

とはいえ、行動指針には額縁に飾ってあるような、普段の業務とは無関係のものという先入観が、どうしてもついて回ります。当社では行動指針を掲げるだけで、システムと人事評価制度を連動させていない頃には、行動指針と社員との間には遠い距離がありました。同時にそれは、自社の企業理を社員が理解していない現状を意味しました。

私は、その状態を改善するべく、能力開発と同時に企業理念を体現できる仕掛けを考えました。

そこで、行動指針の名称を「仕事術」に変えました。これだけでも、行動指針に対する社員のイメージと距離感に変化が表れました。

上層部が決めた自分たちの業務とは接点のない、お題目のような印象が薄れ、行動指針はその名の通り、現場で活用できる仕事術として認識されるようになったのです。さらに、仕事術としてシステムに落とし込み、スキルマップに当社の行動指針となるＮＶＳ10ヶ条を「自社理解」の能力項目として加えました。これにより、仕事術であるＮＶＳ10ヶ条は、コンピテンシー（行動特性）へ変換されたのです。

社員は業務を通して、ＮＶＳ10ヶ条に沿った行動を実践することにより、自社の価値観や考え方とは、どのようなものであるかを学びます。

3ヵ月間同じ能力の習得を続けるため、社員は仕事に従事しながら、自社の価値観や想いと、日常的に向き合うことになるのです。

ＮＶＳ10ヶ条が、どのようにコンピテンシーとして社員に実行されているかを知っていただくために、ここでその内容をご紹介します。

たとえば第4条、「不安、不満を課題にし、自ら解決すべく行動します」は、自身の感じる感情を紙に書きだす、「ジャーナリング」の行動習慣をスキルに落とし込んでいます。社員が第4条を意識した行動をとれたかどうかは、スキルマップの合格・不合格で判定し、さらに内容別に1点～4点の点数で、その理解度と実行具合を評価します。

「不安、不満があれど、まわりには共有していない」場合には2点（不合格）、「不安、不満を感じたら、そのままにせず紙に書きだし、自分がその解決のために何ができるか考える習慣がついている」場合には4点（合格）というふうに、各条には4つの採点基準を設けています。

行動指針を、コンピテンシーに変えてシステムに落とし込み、現場で使える仕事術とすることで、業務を通して社員は自社の企業理念を日々感じ取ります。それは、言い換えると、会社と方向性を合わせて社員が自ら成長していくことをも意味するのです。

私は、組織の成長や業績の向上、企業風土の醸成と、社員の成長とを紐づけるために存在するのが、人事評価制度ではないかと考えています。

企業理念と社員との間に存在する隔たりを取り払い、共通の目標を目指して協同するためのツールとなるのが、コンピテンシーに変換した行動指針です。コンピテンシーの活用により、当社では社員の業務と評価とに連動する形で、企業理念が平等に浸透しています。

コンピテンシーに定めたNVS10ヶ条は、その実践を通して社員に企業理念への理解を促す以外にも、人事評価制度の評価基準の指標として用います。各自が獲得した能力は採点され、昇給・昇格の条件や判断材料にも活用されるのです。

社員間で優劣を競わせるのではなく、過去の自分を今の自分が超えているかに着目しているのが、当社らしさと言えるでしょうか。

仲間との絆をもとに個々が能力を伸ばすことを重視するNVS10ヶ条を、昇給・昇格の必要条件としてから、社員の自己研鑽と自社への貢献意識は、より高まったように感じます。

そして、これらの達成が、昇給・昇格にも大きく関係する事実が、社員のやる気をさらに引き出しているのは疑いようもありません。

社員の取り組みには、賞賛と報酬で報いる制度を整えることが、会社の独りよがりに終わらない、企業理念の浸透につながると私は考えます。

評価の納得性をどう醸成するか

前項までは、もっぱら経営者目線での人事評価制度の運用方法などについてお伝えしました。続いて、社員目線での人事評価制度の納得性を、どのように獲得するかについて考えていきます。

人事評価制度への納得性を社員が持てるかどうかは、個々の社員のパフォーマンスに大きく影響します。会社の人事評価制度が公正・公平であるからこそ、そこで働く社員は、自分の仕事に熱意を持って打ち込めます。さらに、社員の自社への信頼や帰属意識へ、良くも悪くも多大に影響を及ぼすのが、人事評価制度なのです。

社員の働きがいや、昇格・昇給への評価を獲得する動機づけにもなる、人事評価制度への納得性をいかに醸成するか。それは、人と組織の成長と生産性を決定づける、重要なテーマだといえるでしょう。

この項では、当社を例に挙げて、公正・公平な人事評価制度を実現するために抑えておきたい要所を検証してみましょう。

○当事者・直属の上司・お客様による3者評価が公平・公正な評価を実現

評価面談といえば、評価される当事者と、その上司（複数の場合もあり）とが、閉じられた関係性の中で行うものであるといった、先入観を持つ方もいるかもしれません。

けれども、私は社員の評価を、社内だけで完結させてはいけないと考えています。第三者の客観的な視点を加え、総合的に判断を下すほうが、評価自体に奥行きが加わり、納得性が醸成されるからです。

当社はエンジニアを派遣するサービス業でもあるため、半年に1回、お客様満足度アンケートを実施しています。同業他社ではアンケートを取らない会社もあるようですが、私は自分たちの仕事に対する評価を、アンケートから読み取るのが大切だと考えています。

当社の人事評価制度は、MBO（成果目標）とコンピテンシー（行動特性）の主に2つの評価軸から成り立ちます。

評価に関しては、システムをベースに評価者である上司と、被評価者である部下本人の自己評価をもとに総合的に評価を下す方法で、人事評価を行っています。そこへ、顧客満足度を組みこむことで、外部の評価者からの評価も加わり、人事評価制度の透明性と公平性が保たれる設計です。

当社のお客様満足度アンケートはお客様と担当者が回答する形式で、10項目ある評価内容に、それぞれが1~7点の点数で評価する方式としています。お客様から寄せられた評価とコメントは、自社のサービス改善と社員の能力向上のために役立てています。

このアンケートは、お客様のご意見やご要望を知る以外にも、社員目線で申告される評価の公平性を保つためにも有効に働きます。

なんといっても、お客様は、上司でも知りえない部下の業務中の言動に、日々間近で接していています。上司以上に、社員本人の働きぶりを評価してくださる方もいれば、上司の見落とした点を、お知らせくださる方もいます。

アンケートの実施は、第三者に自分の勤務態度を観察されているという自覚を社員へ促すため、誇張した虚偽申請の抑制にも効果的といえます。

他にもアンケートを行う利点があります。

たとえば、極端に自己評価の高い社員がいても、上司と部下の間で、本人の申告の妥当性をめぐり議論が続くような展開にはなりません。

「君の自己評価はそうかもしれないが、お客様からはこのようなご意見が届いている。その差分についてはどう感じますか」と、客観的なデータを交えた話し合いができるからです。

同様に、評価される側の社員同士でも、個々の自己認識の違いにから生じる、自己評価に対する、社員間の不満を解消します。社員の中には、自分の仕事ぶりを控えめに評価するタイプもいれば、実際よりも自分の業績を高く見積もるタイプもいます。「あの人の自己評価の採点は高すぎるのではないか（間違っているのでは？）」というふうな社員間での口に出せない不公平感も、お客様アンケートで是正されるのです。

とはいえ、お客様満足度アンケートでは往々にして、お客様により、点数のつけ方に差が出てきます。比較的社員に甘い採点を下す方もいれば、非常に辛口な採点をなさる方もいるなど、担当者により評価傾向には違いが表れるからです。

そのような誤差は、当社では上司と部下とでの話し合いのもと、スキルマップの習得度とお客様満足度アンケートの比率を変えるなどで調整しています。

誰がどのように評価するかで、人事評価への納得性や社員の仕事への取り組みには、違いが表れます。社員とその上司、お客様の3者による評価方式を人事評価制度に組み込んでから、当社の社員には、良い意味での緊張感が生まれたように感じます。

○判定方法を「〇×式」のシンプルなものにする

ここまでは、3者で行う人事評価の仕組みについて、一般社員の立場からお話ししました。次は、管理職の立場から、人事評価制度の採点方式について論じてみます。

当社では、複雑な評価方式に評価者が考え込み、無駄な時間を費やすことがないように、評価項目を厳選した、○×方式のシンプルな合否判定での人事評価を行っています。広範な評価項目と複雑な採点方式では、適正な評価を下すために多くの時間を要します。一人ひとりの社員の勤務態度や実績を振り返り、細やかに評価していく工程で発生する、時間のロスは膨大なものになります。

それを避けるために、できている（合格）・できていない（不合格）の2択に絞り、「どちらでもない」といった、あいまいな選択肢を含まない採点方式としました。スキルボックスのチェックリストで達成・未達成を明確に判断したように、人事評価制度にも、あえて中間点を設けなかったのです。

ほとんどの評価者は、合格と不合格の真ん中に位置する、中間点をつけたがる傾向にあるのではないでしょうか。

部下の心証をおもんばかる気持ちや、あるいは日頃から部下の様子を観察していない引け目、評価自体を面倒に思う気持ちなどから、無難な評価に逃げてしまう。そのような管理する側の都合による、不正確な要素が入りこまない設計を意識しました。

ただし、○×の合否のみでは明快な反面、単純化によりかえって不明瞭な評価となる危険性もあります。そこで、○×の内訳を、4点を最高点に○は3点・4点、×は1点・2点に分ける、2段階評価としました。

これにより、定量定性での評価が可能となり、より明瞭で納得性の高い人事評価が下せるようになったと自負しています。

○評価項目自体内容をブラッシュアップ

第三者の客観的な視点からの評価を交えた評価と、シンプルな評価方式での総合的な人事評価が、社員が納得する人事評価制度のポイントになります。

さらに、この基本を踏まえて評価項目の内容を更新していくことが、人事評価制度への納得性と信頼性を、より高めていくと私は考えます。

一度制定したからと言って、それで終わりではないのが、人事評価制度です。発展する組織においては、社員の成長の度合いや、会社の業績の推移などに応じて、人事評価制度の評価項目の難易度を上げなければいけません。自社と社員に何かしらの変化を感じたら、その都度評価項目のブラッシュアップが必須なのです。

能力の習得段階での最適なゾーンを表す、フロー状態のように、人事評価制度でも、社員本人が意欲を持って業務を遂行できる状況を、会社は整備する義務があります。

社員全員の人事評価の数値を見て、全体の平均値が高すぎるようであれば評価項目の難易度を上げるなど、工夫をしながら項目の見直しをしていくのがポイントになるでしょう。期間の目安としては、1年に1回は調整するのが大切だと私は思います。


以上が、私の考える納得性を醸成するための、人事評価制度のポイントとなります。これらの要素を人事評価制度へ反映させることが、公正・公平な評価制度の実現と運用に役立つのは間違いありません。

なぜ人事評価制度が定着しないのか

本章では、人事評価制度の役割や設計のポイント、制度の納得性などを論じてきました。総じて言えるのは、評価制度の策定にはエネルギーを注ぎ込む一方で、その運用や定着を推進するところまでは神経が行き届かない企業も、想像以上に存在することです。

人事評価制度を整備しても、その運用や定着が実現しなければ、組織と人は変わりようがありません。ここでは人事評価制度を実施する前段階で、経営者、人事担当者の方々が考慮しておきたい点について、再確認したいと思います。

人事評価制度を定着させるための事前準備

1．事前説明会の開催

①人事評価制度の意義／背景／目的を伝える
　社長／役員が実施　詳細な制度の資料は配布しない
②制度の具体的な内容を伝える
　人事部門が各部署へ制度の詳細を伝える（不満が多い部署は後半にまわす）

皆さんの会社でも、人事評価制度を制定・改定した際には、社内で事前説明会などを開かれていると思います。ここでわざわざ取り上げているのは、人事評価制度を整備する意味が、社員へ伝わっていないケースが見受けられるからです。

人事部から各部署へ、一方的にメールで通知するような方法は論外だとしても、評価制度の詳細を聞かれなければ説明しない、社員への配慮に欠ける会社も皆無ではありません。

私は人事評価制度を制定・改定した時には、2段階構えで説明会を開催することが大切だと考えています。すべての情報を社員へ一度に伝えると、制度を導入する意図が、正確に理解されない恐れがあるからです。

ですから、最初は役員の方などから、評価制度を設ける意義や、それを制定することになった経緯を社員へ伝えると良いでしょう。その際には、以下の内容を発表するように留意してください。

○人事評価制度を制定・改定する意義や目的、その必要性とは何であるのか
○人事評価制度を制定・改定した先には、どのようなメリットを得られるのか

当社で人事評価制度を改定した際には、改定理由をA４用紙に簡潔にまとめ、社員に確認してもらったうえで、説明会では役員がその内容について説明しました。会社の存続意義「全員で力を合わせてより大きな価値を生むこと」を伝え、価値を生むためにはKGI、KPIを全員で達成する必要があり、その実現のために人事評価制度があると訴えたのです。

このような説明が上層部からあると、社員は人事評価制度を導入（改定）する理由に納得できます。社員の人事評価制度への反発や運用への無関心を防ぐためにも、事前に説明会でその趣旨を伝えてください。

制度の具体的な内容に関しては、人事部から部署経由で社員へ知らせるようにします。人事部主導で、評価制度の制定・改定に前向きな部署から順に、説明会を開催します。具体的な目標数値やコンピテンシー、ミッション・ビジョン・バリューと人事評価制度との関連などは、部署に所属する社員との対話をしながら理解を求めます。

2回に分けて説明会を開催すると、社員は段階的に情報を受け止められるため、心理的な抵抗を感じずに、新しく始まる制度へも順応しやすくなります。これから人事評価制度を運用する場合には、事前説明会を2回開催すると、スムースな運用が期待できるでしょう。

2. 評価者の育成

①評価とは査定ではなく人材育成であると評価者へ認識させる
　役職者の役割を明確にする
②評価者の甘辛評価を是正していく
　評価者研修、リーダー研修などで認識を深める

人事評価制度では、評価者を育成することも重要です。評価項目への評価は、数値によ

る判断基準を設定しても、必ずどこかに曖昧な箇所は出てきます。そこに対して、被評価者が納得する評価を下せるかどうかは、評価者本人の能力や経験と関係してくるからです。

そのため、単に査定をするのではなく、部下の育成のために評価を下すという心構えを評価者が持てるように、会社主導で評価者を育成するのは必須となります。また、時折見受けられる、評価者の主観に左右される被評価者への甘辛評価も、是正しなければなりません。

将来的には評価者である上司が、被評価者である部下の育成やコーチングなどを行える段階に到達するのが理想的です。評価者は、事前に評価者研修やリーダーズ研修での教育を受けておき、少なくとも部下からの質問には、根拠を用いて回答できるレベルに達しておく必要があるでしょう。

3. 評価期間

①半年ではなく四半期で評価

適正な評価は部下のスピード成長へつながる

②中間面談を設ける

進捗確認とIT派遣・SESの特性上希薄化を防ぐため

前の項でもお伝えしましたが、評価期間は「エビングハウスの忘却曲線」の実験結果からも、なるべく短いほうが好ましいといえます。ただし、評価面談などの回数を多くすると業務に滞りが出る場合も考えられるため、その辺りは各々のバランスを見ながら実施してください。

一人ひとりの社員の適切な時期を見極めて、上司が支援の手を差し伸べ、助言をすることで、部下の成長スピードは格段にアップします。部下がつまずいたポイントを、一緒に振り返ったり、期首に定めた目標を再度見直したりする行為を通して、人事評価制度のみならず、社員の能力の定着も図れます。

もうひとつ、見落としがちなものとして、中間面談が挙げられます。事前に中間面談を設けないと、人事評価制度がスタートしたのはいいけれど、気づいたら1年が過ぎていた（放置していた）という展開も考えられます。

評価を下そうにも、結局何も進展がなかった、当初の計画とは違う内容を社員が実行していたといった事実が後々になって判明しても、手の打ちようがありません。そのようなリスクと時間のロスをなくすためにも、中間ポイントで各社員の業務の進捗状況や、会社との方向性を、もう一度すり合わせる機会を設けるのが大切です。
評価面談は人事評価制度を設計する段階で、前もって盛り込んでおくのが大事です。

当社ではこれまでお伝えしたように、評価期間を3ヵ月に1回に定め、評価項目もシステム内のスキルマップの能力一覧を、上司と部下が確認する方式で評価に臨んでいます。コンピテンシーを人事評価制度とシステムで連動させて、ようやく評価をスムースに下せるようになりました。

能力開発を「人」が主導で行っている会社であればなおのこと、評価期間を短く設定し、複数回の評価面談の時間を作るのをお勧めします。

当社の評価期間の短さには、評価面談の回数を重ねることで、社員の会社への帰属意識を高める狙いもあります。事業形態上、お客様のもとで他社の社員とともに働く社員も多く、就業場所によっては、自社の社員は本人ひとりだけの勤務となる場合もあるためです。

会社の業態にもよりますが、社員との接触回数が少ないところほど、上司と部下が顔を合わせる機会を増やすと信頼関係を築きやすく、エンゲージメントの向上にも効果的です。

4. 運用負担

①ExcelはNG
集計作業の負担を軽減する
②評価者の判定作業を軽減する
○×判定を明確にしておく

人事評価制度の制定・改定に踏み切る際、意外と見過ごされるのが制度の運用にかかる負担です。先に結論から申し上げると、Excelでの運用は、小規模な会社以外では適しません。なぜなら、その集計作業で、かなりの手間暇と時間を取られるからです。

当社が人事評価制度のプレ運用を開始した時には、Excelを使用していました。しかし、人数が50人を超えると、総務部の社員が総出で仕事をしても2、3日は潰れてしまい、Excelでの運用には厳しいものがありました。

この経験から、やはり人事評価制度は、システムに載せる必要があると私は考えています。さらに、評価方式についても、○×判定のようなシンプルなものを採用するほうが、システム上でボタンを押すだけで評価できるため、短時間で評価を下せるので効率的です。

あらかじめ頻繁に評価をする機会が巡ってくることを考慮して、適切な評価項目数と簡単に行える評価方法を、設計段階で取り入れておくと後々役立つでしょう。当社では、クラウド型のデジタルツールによりウェブにアクセスして、画面に合格・不合格を入力すると、それにもとづき査定まで行える仕組みで評価制度を運用しています。

人事評価制度というと、とかく内容に注目しがちですが、運営面での負担を軽減するためにも、やはり効率化が大切になります。

リモート化における課題

リンクアンドモチベーション社から聞くところによると、コロナ禍において大半の会社では、従業員のエンゲージメントが下がっているといいます。それには、この数年で急速に普及した、リモート化の影響も大いに影を落としています。

とくに、新入社員の指導に関しては、第1章で触れた「人材志向」による、「人」が「人」を教え導く能力開発の弱点が、スコアの低下となり表面化したそうです。

もっとも当社においては、リモート環境でもエンゲージメントの数値が上昇したため、他社との違いは何であるかを質問されました。考えられる理由としては、当社では能力開発と人事評価制度の運用の大半を、「仕組み志向」で行っているのが挙げられます。

社会情勢や、人々のライフスタイル、仕事観などが変化しても、その影響を受けないのが、スキルマネジメントです。

「人」と「システム」の分業制でのマネジメントを続けてきたため、新入社員の育成面では、目立ったダメージを受けずに済みました。リモート化以前と比べて、人間関係が希薄になるようなこともなく、悪影響をほとんど受けてはいないのです。

むしろ、スキルマネジメントによる能力開発の継続が実を結び、社員の高いレベルでのスキルの平準化が進んだ結果、お客様満足度は過去最高の水準に達しました。

一方で、一般の企業では苦しい状況が続いたようです。

リモート化により、対面でのＯＪＴや研修の実施が、どの会社でも減少しました。それにより新入社員は、上司からの指導不足で仕事に慣れない状態が続いていたと思われます。上司も新入社員への指導ができないばかりか、部下の監督が行き届かない状態に置かれ、身動きの取れない状況に、コミュニケーション不足が重なり、エンゲージメントが低下したのではないでしょうか。

おそらく大半の会社では、上司は部下の指導はもとより人事評価を下すにも、評価のしようがない苦境に陥ったことでしょう。

ただし、そのような状況を招く結果となったのは、リモート化に加え、別の要因も重なっています。

繰り返しとなりますが、労働人口の減少と中高年の社員の退職により、一般社員のマネジャーへの昇格時期が早まっています。必然的に若手マネジャーは、リーダーとしての能力不足を抱えた状態で部下を育成・評価するしかなくなり、恒常的なマネジメント業務の問題が生じやすくなるのです。

本来であれば、まずはマネジャーを育成してから部下を持たせるのが正当なやり方です。しかし、働き方改革のもとでは、物理的な時間の余裕がないため、新入社員のみならず、新人マネジャーの育成もままなりません。

マネジメントとは何かを理解しきれないまま、不明瞭な指導や人事評価を行うしかないマネジャー層も、確実に増えているのです。

「人材思考」のマネジメントでは、リモート化であらわになった、対人での能力開発と人事評価制度の弱点を克服しようがありません。

セルフマネジメントで自ら成長していける「自律型組織」に変容させる仕組みづくりに着手しない限り、職場の士気の低下は止めようがないと言えるでしょう。

人事評価制度の限界——能力開発とは切り離せ

この章の初めでも触れたように、働き方改革・リモート化・ジョブ型雇用への移行と転職時代の到来などの環境変化により、現行の人事評価制度は限界を迎えているのではないでしょうか。「人」が「人」を評価することの難しさは、次のような課題に集約されます。

人事評価制度の課題

1．被評価者を観察しきれない

評価者（マネジャー）のプレイヤー化、かつ「リモート環境化」で、被評価者（部下）を細かく観察できない

2．一般社員からマネジャーへの早期の昇格による、新人マネジャーの未熟化

評価者の育成（コーチング等）が追いつかず、被評価者（部下）への適正な評価や信頼関係を構築するスキルが未熟、能力にムラがある

3. 被評価者（部下）への評価を、評価者（マネジャー）が適正に行うための時間がない

「働き方改革」が裏目に出た結果、評価者（マネジャー）の担当する、評価シートの判定やコメント、評価面談など多岐にわたる業務が増加

4. 「人材の流動化」による育成労力との費用対効果

新入社員を育成しても辞められるとムダになるとの考えから、評価者（マネジャー）の心理的モチベーションが低下

5. 人事評価制度そのものが、能力・スキルの習得を意識させる制度ではない

能力開発においては、社員がセルフマネジメント方式で自ら成長していける「自律型組織」に変容させる仕組みづくりがないと、成長の再現性は望めない

再三申し上げたように、これらは日本の中小企業に共通する課題です。1～3番目に関しては、課題の解決案を前の項で取り上げました。評価項目数を絞り、評価期間を3ヵ月に1回程度に定め、その間に1回以上の中間面談を挟む方法が、それに該当します。

図⑮〈人事評価制度で能力開発しようとする限界〉

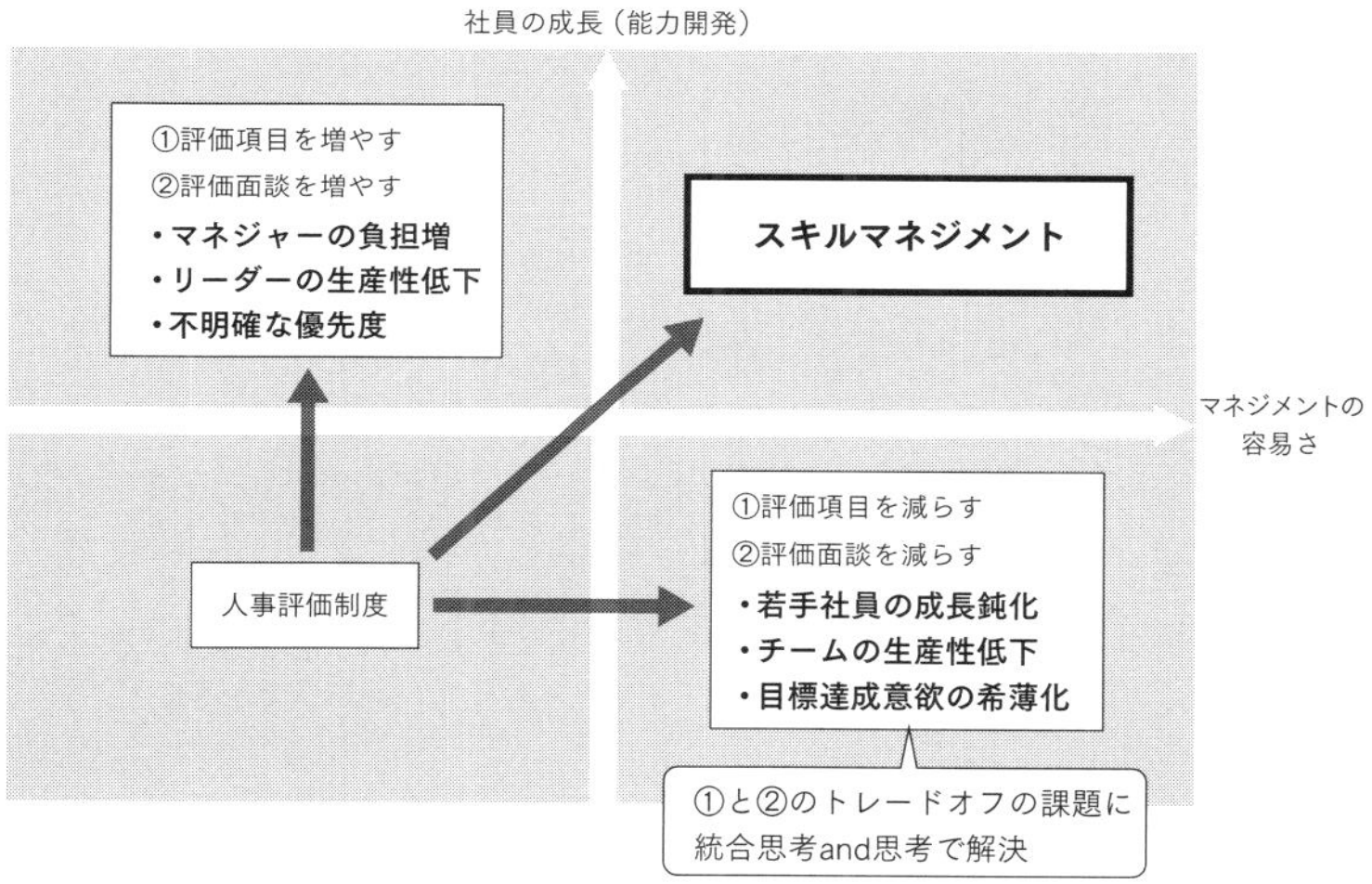

ただ、ここで新たな課題が浮上します。評価項目数を絞ると、上司と部下双方の業務上の負担が軽減される一方で、成長の観点からは、とくに若手社員の成長が鈍化する傾向が明らかになったのです。

なぜそのような現象が起こるのかを、図⑮をもとに検証してみます。

このグラフは、縦軸が成長の加速度を、横軸がマネジメントの容易さを示しています。ご覧のように、評価項目数と評価面談の回数によって、社員の成長には対照的な違いが生じるのが読みとれます。

図⑮の左上のゾーンでは、評価項目と評価面談を増やした結果、社員の成長が促進されます。ただし、その代償として、マネジャーは業務の増加と生産性の低下に甘んじなければなりません。

図⑮の右下のゾーンでは、評価項目と評価面談を減らした結果、マネジャーの負担は軽減されます。その反面、若手社員の成長が鈍化するほか、会社全体でもチームの生産性の低下や、社員の目標達成意欲の希薄化が進みます。

企業の人事評価制度には、「人材育成」が主要な評価基準として含まれるため、従業員の能力開発においては、経営陣や人事担当者は、過剰な数の評価項目を設ける傾向があります。

おそらく、能力開発に取り組む時には、図⑮左上のゾーンを目指す会社が過半数だと思われます。けれども、意気込んで始めたものの、管理職に多大な負荷のかかる評価制度の継続には、日を追うごとに無理が生じてきます。

その結果、会社によっては途中から図⑮右下のゾーンへ移行するか、評価制度は残しても、名目だけの能力開発となり果てるケースもあるのではないでしょうか。

実際に当社では、評価項目数を多く設定して面談の機会を増やしたことにより、マネジャーの負担が極度に高まり、離職や生産性の低下などにつながりました。前にもお伝えしましたが、プレイングマネジャー層のエンゲージメント・スコアが偏差値27・6にまで低迷した事実が、その過酷さを物語っています。

ここまで読まれて、「評価項目と評価面談を増やして/減らしても、どちらにせよ生産性が低下するなら、手の打ちようがないのでは」と、困惑された方もいるかもしれません。「何かを得るには、別の何かを犠牲にしなければならない」——トレードオフの関係性から考えると、社員の成長と生産性の向上の両立は成り立ちません。マネジャーに犠牲になってもらうか、社員の成長ペースが鈍化するのを受け入れるか、どちらかの選択肢しかないわけです。

当社でも、人事評価制度の運用にあたり、トレードオフの調整には非常に苦労しました。そして、この課題を解決するためには、人事評価制度を改善するのではなく、発想を転換すべきだと気づいたのです。

皆さんは、「統合思考」という言葉を耳にしたことはありませんか。

「統合思考」とは簡単に説明すると、企業開示の統合報告に端を発し、短期・中期・長期にわたる企業の価値創造を重視する思考になります。従来の「短期志向」では財務資本のもと利益を重視するのに対して、「統合思考」では、財務資本に加え、人的資本や知的資本などにもとづき、価値を追求するのが特徴になります。

では、企業の価値とは何かといえば、従業員のエンゲージメント、自社製品の品質、チームワーク、お客様満足度の高評価と自社のブランド力など、無形資産がその大半を占めます。

組織の原点に立ち返ると、人事評価制度における能力開発とは、人と組織の無形資産を増やすために行われるものになります。それがうまく機能しないのであれば、価値創造の観点から人事評価制度を見つめ直す必要があるはずです。

私は「統合思考」に立脚して、一旦ゼロベースで考えてみた結果、思い切って人事評価制度から能力開発を切り離しました。人事評価制度は査定のみならず、経営目標と社員の成長、能力開発ためと謳う、コンサルタントの呪縛から解放されたのです。

度重なるトラブルを経て、私は人事評価制度とは、本来の「査定」と、社員の「役割分担」を担うための制度であるべきではないかと考えるようになりました。

現行の人事評価制度が、トレードオフの関係性から脱却できないのは、第1章でも触れた「人材志向」での、マネジメントや能力開発が破綻しつつあることが立証しています。もはや現行の制度の存続には、能力開発を「人」だけではなく「仕組み（システム）」に任せるほかないところまで、現場の状況はひっ迫しているのではないでしょうか。

スキルマネジメントと人事評価制度のコンビが最強です

従来の人事評価制度では、評価を起点に社員の行動実績を促すことは難しく、現場起点で社員の実績を、無理やり評価項目に当てはめる会社も多いのではないでしょうか。一般的な人事評価制度では社員の行動を評価しきれず、その運用も中途半端に終わるため、社員の能力開発には、むしろ逆効果を及ぼすからです。

この章の最初では、人事評価制度においては、マネジメントによる人材の管理が要となると説明しました。そもそも、マネジメントとは、最小単位のセルフマネジメントから始まり、チームマネジメント、プロジェクトマネジメント、組織マネジメントと段階的に積み上げていくものです。

しかし、実際にはセルフマネジメントの段階でつまずく、入社歴の浅い社員も珍しくはありません。そうした社員をフォローしようにも、マネジメント工数の増加による管理職への負担の増加などが予想されるため、支援の手を差し伸べられない会社もあるでしょう。他にも、人事評価制度を策定して仕事に役立つ資料やマニュアルを社内で公開しても、情報や知識の取得が、一部の社員に限られるケースなども考えられるかもしれません。

いずれにせよ、従来の人事評価制度の運用スタイルでは、すべての社員を自社の望む方向へ誘導するのは不可能に近いのです。

昨今の社会情勢や労働人口の減少を見るにつけても、人的資源と経営戦略の最適化を叶えるには、人事評価制度から能力開発を切り離す方法が効果的です。

スキルマネジメントであれば、「人」ではなく「システム」が個々の社員の能力開発をサポートできるため、一般社員はセルフマネジメントによる自己の成長やキャリア形成を進められるからです。

最近の若手社員には指示型のマネジメントや、ティーチングを上司へ期待する傾向がみられますが、多忙な上司に成り代わり、個々の社員をサポートして自律を促す仕組みが、スキルマネジメントなのです。

かつては知識やスキルの伝達を含む教育全般は、主に関係者により対面で行われるものとされてきました。けれども、現在ではコンテンツさえあれば、システムでも教育を担えるようになっています。すべての社員に平等な学習環境を提供し、指導者の技量によるムラが出ない点では、システムによる学習には、従来の教育方式よりも優れた面もあるのです。

もちろんビジネスには、人間だからこそ教えられる能力などが存在します。それらに関しては、従来通りの方式でやっていくべきでしょう。ここで提案したいのは、「人」から教わらなくても学習可能な、社内の規律や社会人基礎力のようなソフトスキルや技術的な基礎スキルの習得などを、「システム」に任せてはどうかということです。

もしそれが実現すれば、一般社員を指導するマネジャーは、人事評価制度とシステムの連動により雑多な業務から解放され、上司と部下の双方に時間の余裕も生まれます。トレードオフでは両立できなかった、社員の成長と会社の生産性の向上が、既存の人事評価制度に、スキルマネジメントを補完するだけで可能になるのです。

現時点では、スキルマネジメントと人事評価制度のコンビが最強ではないでしょうか。

これまで繰り返し語ってきましたが、いま日本の企業は転換期を迎えています。

働き手の減少と多様化する価値観、ジョブ型雇用の台頭など、外側から変革を迫られる中、過去には有効だったマネジメント手法は、時代にそぐわないものに変わりつつあります。

目標を達成する優秀な社員を評価するKPIマネジメント、従業員のやる気を引き出すモチベーションマネジメント、社員の適所適材を会社主導で行うタレントマネジメント。それぞれの手法の共通点は、「人」によるマネジメントです。

逆説的になりますが、私は「人」を「システム」に置き換えることで、人の手による、より高度な能力開発や人材育成が実現できると信じています。

第4章

ミッション・ビジョン・バリューの浸透も
スキルマネジメントが有効

ミッション・ビジョン・バリューを策定する意義
～ストーリーの大切さに気づいていますか～

組織の軸となる企業理念やトップの考えが不明瞭な場合、仕事の現場では、社員の会社離れが加速します。「この会社で何のために働くのか」と自問自答しても答えが出ない時、人は自らの果たす役割や仕事への意義を見失い、心の拠り所を持てない状態に置かれるのです。

その結果、会社全体がコミュニケーション不全に陥り、各部署では無駄な議論が増え、やるべきことと、やらなくてもよいことの見極めがつかなくなります。さらに、顧客対応や製品の品質面にも悪影響が出始め、業績の停滞や社員の戦力化を期待できないだけならまだしも、若手社員の早期離職が後を絶たないようにすらなるのです。

前にもお話ししたようにＩＴ派遣・ＳＥＳ事業では、社員は各自の派遣先の就業場所で働く勤務形態を主としています。そのため、社員間でのコミュニケーションを増やそうとしても、地理的な制限、接触方法、時間の問題などに阻まれ、実行に移すには限度があります。

物理的に有限なものを、多くしようとするのは無理な話です。だからこそ組織と人を結ぶ、ミッション・ビジョン・バリューといった、目には見えないストーリーが必要になるのです。

会社の成長と社員の意識とに溝が生じた時期、次々と当社を去る若手社員の姿に、私は待遇面だけを改善しても、それだけでは会社は生き残れないことを悟りました。人と組織が共有できる使命や目標を誰もが理解できる形で知らしめてこそ、人はそれを通してコミュニケーションを深め、仕事への活力を養えるからです。

価値観を定める大切さについては、人類が生き残り文明を築いた理由を「認知革命」とする、『サピエンス全史　文明の構造と人類の幸福（上）（下）』（ユヴァル・ノア・ハラリ　河出書房新社　２０１６）の理論からも説明できます。書籍を読み解きながら、ミッション・ビジョン・バリューの必要性について論じてみましょう。

「認知革命」とは簡単にまとめると、「現実には存在しない虚構（フィクション）を皆で信じて共有する」ことで、組織や国家が繁栄するという考え方です。人類は他の動物とは違い、実在するモノ・コトから抽象的な概念までを言葉で共有する能力を備えています。この能力により人類は、お互いに信じられる抽象的な概念を作り、それをもとに信頼関係を育み、共同で物事を進められたとされています。

社会学の研究からは、コミュニケーションによってまとまっている集団の自然な大きさの上限がおよそ150人であるようです。

この限界値以下であれば、コミュニティや企業、社会的ネットワークは互いに親密に知り合い、噂話をするという関係に主に基づいて、組織を維持できます。

ですが、この限界値を超えると、架空の物語である「虚構」でないと維持できなくなるようです。言葉を紡いで想像上の現実を生み出す能力のおかげで、人間は大勢の他人と協力してやっていけるのです。

このように、規模が大きくなるほど皆が信じられる抽象的な概念が必要とされることがわかっていただけたでしょうか。

組織の企業理念やミッション・ビジョン・バリューとは、たとえるなら組織内で通用する、会社独自の共通言語のようなものです。

社員全員が同じ言葉を使って会話を交わすことで、お互いへの信頼や安心感は増し、自社への帰属意識や目標達成に向けての意欲も高まります。それが、結果的には業績や生産性の向上などへ如実に表れるのです。

産業能率大学の宮田矢八郎教授が実施した、売上と経営理念との関係を追跡したアンケート調査によると、経営理念のある企業は、売上高2・5億円未満の企業では50％未満であるのに対して、30億円以上になると80％近くに上ります。

経営理念のある企業は、ない企業よりも2倍成長して4倍の利益を上げるというデータもみられ、企業の発展には経営理念のある・なしが大きく影響するのは間違いないでしょう。

とはいえ、「うちの会社は社員数も少な目で社長の発言は皆にすぐ伝わる。わざわざミッションやバリューを作らなくてもいい」と思われた方もいるかもしれません。

中小企業の中には、トップと部下との距離が近い組織形態も見受けられます。そのような会社では企業理念などは不要とされ、社長本人の動静を部下が注視するようなやり方で、仕事の進め方から会社の方向性までを決定するところもあるようです。

平時であれば、そのようなシステムでも支障はないはずです。ただ、もし何かの事情で社長が指揮を取れなくなったら、誰が代わりを務めるのでしょうか？　下手をすると、会社の存続が危ぶまれる窮地に追い込まれるかもしれません。

属人化した仕組みや制度は、特定の人物の不在により、その機能が停止する危険性を常にはらんでいます。企業の存続を望むのであれば、不測の出来事が起きても組織の基盤が揺るがないように、自社の価値観を形にしておくのが得策でしょう。

組織の根底に流れる価値観は、皆で共有するうちに、やがては企業文化へと育ちます。遅かれ早かれ組織構造上で絶対に必要となる経営理念を、私はぜひ作るべきだと考えます。

想いのベクトルの方向は揃っていますか

皆さんは、自分の伝えたい想いを、相手に取り違えられたことはありませんか。または、自社の活性化を狙った施策が、ほとんどの社員に理解されずに、落胆した経験をお持ちではないでしょうか。

これらは、実際に私が社内で体験した出来事になります。経営者側と一般社員との間に、隔たりやズレを感じはじめたのは、起業して数年が経ち、組織の階層が複雑になった時期でした。

創業時代に私を支えてくれたメンバーとは、詳しく語らずとも自社の成長や未来への想いを、かなりの部分で共有できていました。ところが、社員数が増えるにつれて、こちら側の意図が必ずしも、相手へ届いていないと気づいたのです。

一般的には、組織の階層構造が、トップ・部課長・チームリーダー・一般社員（メンバー）などの、4層ほどに分かれると、経営者側の声は全体には届かなくなります。当社でも、入社歴の浅い社員が増えるにつれて、企業理念や私自身の想いが伝わらなくなりました。

ここで問題となるのは、ミッション・ビジョン・バリューのような経営の根幹をなす抽象的な価値観や思想であるほど、個々の社員による解釈や理解度の差が顕著になる点です。

自分流に企業理念の解釈をゆがめたり、そもそも会社の制度には無関心を決め込んだりするなど、社員ごとに向き合い方や関心が異なると、会社の業績や成長にも響いてきます。なぜなら、会社と同じ方向性へ社員がベクトルを向けていなければ、成果を獲得することは不可能だからです。

図⑯〈アイスバーグモデル〉

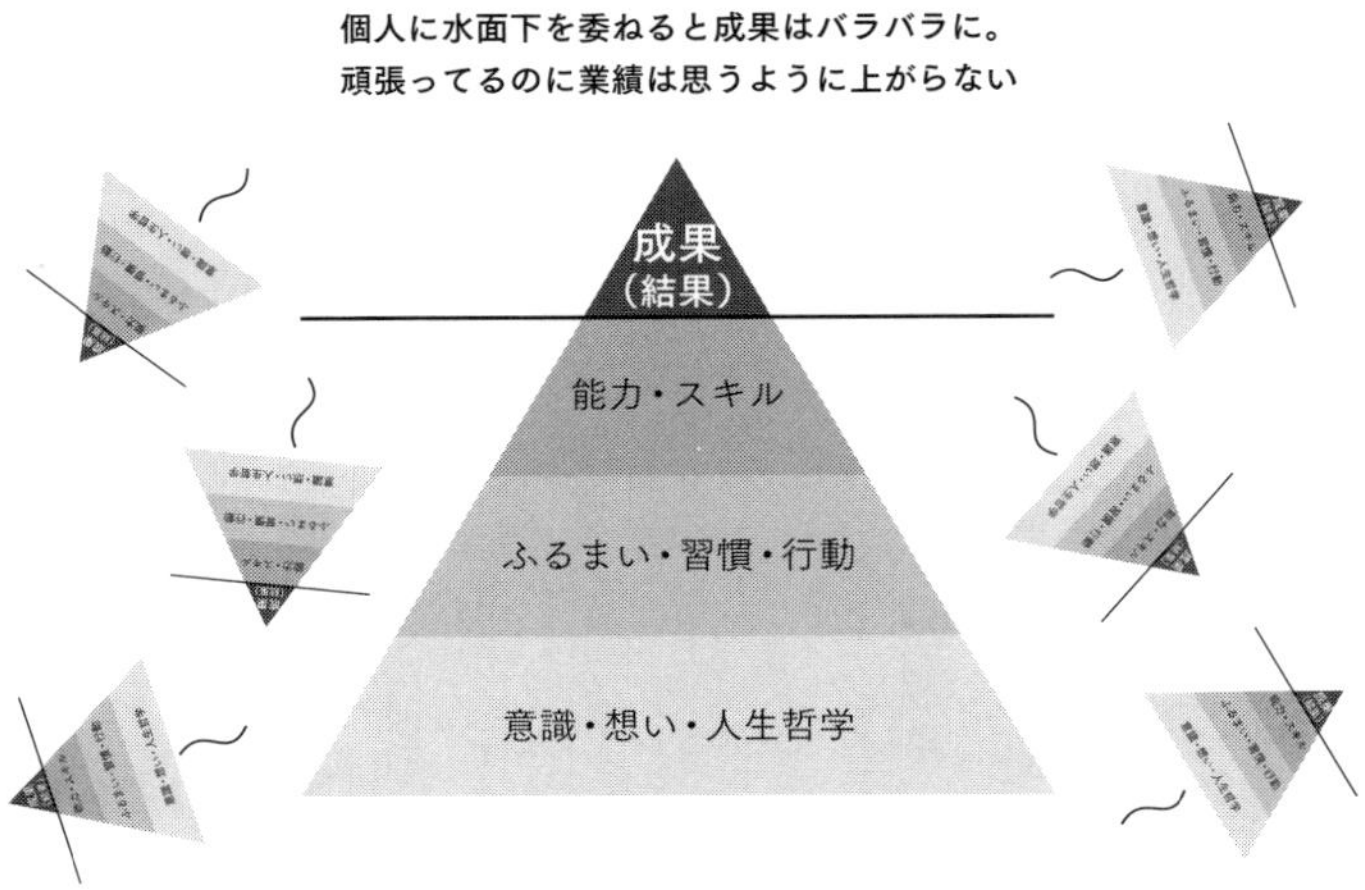

図⑯アイスバーグモデル（氷山モデル）をもとに、この事実を検証してみましょう。

「氷山の一角」という言葉があるように、水面に現れる成果（会社の業績や成長）は、水面下に存在する要素が土台となり存在しています。つまり、目に見える氷の塊を生み出す源は、水面下に存在する見えない巨大な氷の塊を、いかに強固にするかにかかっているのです。

企業経営では、この図の最下層にある「意識・想い・人生哲学」が、企業理念・ミッション・ビジョン・バリューに該当します。

会社の掲げるこれらの思想を社員が理解しなければ、次の「ふるまい・習慣・行動」は個々の社員により違ったものとなり、「能力・スキル」の習得度にも差が表れます。その結果、個人の成果にはバラつきが目立ち、会社が社員へ求める成果とのズレも大きくなっていくのです。

社員を氷塊に見立てると、一人ひとりが自分の赴くままに行動していると、会社という大きな氷の塊は形成されない、もしくは安定性に欠けるなどして水面にその一角を浮上させられないかもしれません。

それを防ぐためには、社員が持つ仕事への価値観は尊重しつつも、会社の価値観と社員の意識の方向性を揃えていくことが必要になります。人と組織がともに成長していくには、水面下に存在する「意識・想い・人生哲学」の管理を、個々の社員に委ねるのは危険な行為なのです。

語るべきストーリーを作っても、届けたい相手へ伝わらなければ意味がありません。経営者側は、社員との交流や、エンゲージメント・サーベイなどを通じて、社員と会社の価値観のすり合わせがなされているかに注意を払うべきでしょう。

ミッション・ビジョン・バリュー、企業理念、パーパスの関係性の整理　～なぜいま、パーパスが問われているのか～

前の項では、ミッション・ビジョン・バリューなどを含む、経営理念を作る大切さについて、「認知革命」を例に挙げて考えてみました。自社固有の価値観にもとづいたストーリーを言葉にして共有する重要性について、皆さんも再認識されたと思います。

この項では、企業理念、ミッション・ビジョン・バリューと近年よく見聞きするパーパスに関しての定義と関係を整理し、これらの策定方法について論じていきます。

ちなみに私は企業理念とは、組織が大切とする考えや価値観を表す最も抽象的で上位の概念であり、ミッション・ビジョン・バリューを一言で表すものと考えています。企業文化の根幹をなすこれらについては、明確な取り決めはありませんが、次のように定義しました。

1. 企業理念：企業が大切にする考え・価値観（2～4を統合した企業文化の根幹となるもの）

2. ミッション：企業が果たすべき使命

3．ビジョン：企業の長期的に目指すゴール（将来像）
4．バリュー：企業が使命や目的を達成するための規範となる行動を定めたもの（行動指針）

この前提のもとで、『カルチャーモデル　最高の組織文化のつくり方』（唐澤俊輔　ディスカヴァー・トゥエンティワン　2020）をもとに、それぞれの関係を見ていきましょう。

企業理念の定め方は、「ビジョン型」と「ミッション型」と呼ばれる2つのパターンに分けられます。それぞれの定義や各パターンの特徴は、書籍では以下のように解説されています。

ビジョン型

ビジョン………実現したい社会
ミッション……（ビジョンを実現するうえで）会社が果たすべき役割・使命
バリュー………（ミッションを達成するうえで）社員が取るべき行動指針

ミッション型

ミッション……（目指す社会のために）会社が果たすべき役割・使命

ビジョン………（ミッションを達成するうえで）目指す中期的な会社のゴール

バリュー………（ビジョンを実現するうえで）社員が取るべき行動指針

2パターンともに、社員の日々の行動や言動の積み重ねた結果として、企業文化が作られるとあります。個人的には、自社の事業形態に適すると思われるどちらかの方法を選び、作り込んでいくと良いのではないかと思います。

参考までに、当社の企業理念および、ミッション・ビジョン・バリューと、その策定方法について公開します。

ネットビジョンシステムズ株式会社〈ミッション・ビジョン・バリュー〉

○ミッション

「ITインフラは社会インフラ、それを支える使命感を持って成長し続けます」

○ビジョン

「世の中の繋がるを支えるため、ITインフラエンジニアを輩出し続けます」

○バリュー（行動指針）

「みんなでみんなを大切にして、日々1パーセントの成長を積み上げます」

○企業理念

「和をもって成長となす」

当社では、ミッション・ビジョン・バリューに先立ち、企業理念を作成しました。その後、創業時の想い、「通信インフラは幸せを届けるもの」に通じる、使命を重視したミッション型での、ミッション・ビジョン・バリューの策定に取り組みました。

まずは、ITインフラは電気や水道のような社会インフラであり、それを止めてはいけないという使命感、ミッションを定めるところから始まります。それから、世の中のつながりを支えるための、ITエンジニアを輩出し続けるビジョンを描き、最後に社員へ求める価値観となる、お互いを大切にして成長を積み上げるバリューを決定しました。

ミッション・ビジョン・バリューは、企業理念「和をもって成長となす」を体現しています。「和」の言葉には、社員のチームワークとITインフラのネットワークの「輪」をかけており、「成長」も同様に、個々の社員の成長と、組織や社会インフラの発展を表します。

それぞれの位置関係は、社員から一番近いバリュー（行動指針）が3番目となり、残り2つの順序については、上下しても問題ないと私は捉えています。

3つの概念の意味と関係性を整理したところで、続いてこれらとパーパスとの関係性を考察していきます。野村総合研究所が発表した図⑰をここでご紹介します。

パーパスとは、ビジネスの世界では主に社会に貢献するための、「企業の存在意義」を意味します。

図⑰にあるように、自社と社会との境界線を通過して、社会へインパクトを与える存在となれるかどうかは、パーパスのある・なしにかかっています。社会的課題と関連する内容がミッション・ビジョン・バリューに含まれると、社会へ刺さるメッセージ性が強まり、自社の存在意義がより明確になるわけです。

図⑰ 〈パーパスとMVVの関係性〉

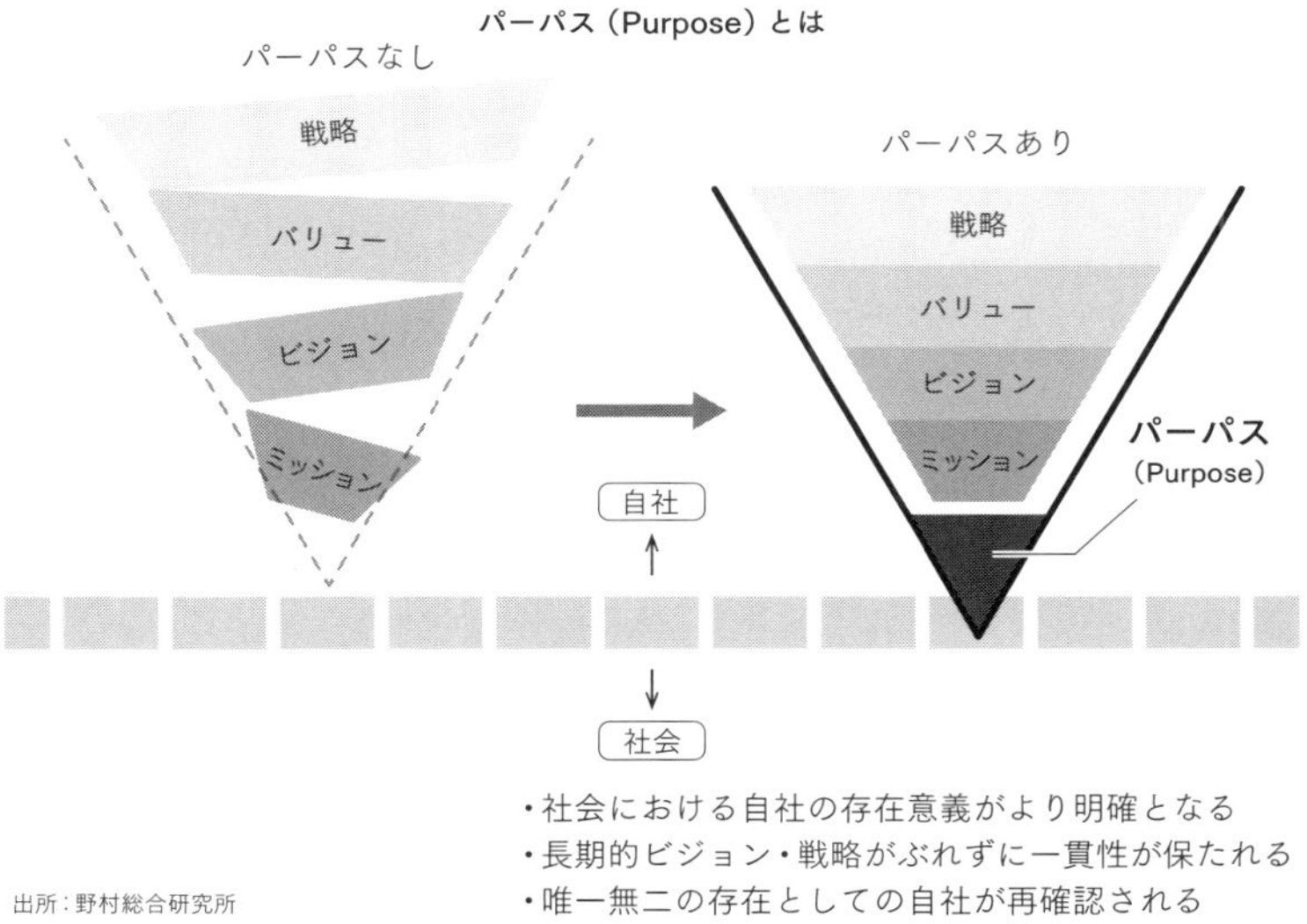

出所：野村総合研究所

当社の場合は、第4のインフラである通信ネットワークを支えて守ることに加え、エンジニア不足という社会的な課題を解決するため、SE未経験者の育成を使命に掲げています。

パーパスを含んだ経営理念は競合他社との違いを際立たせ、自社のブランド化（ネットワークエンジニアをはじめるならNVS）にも貢献しています。

もしこれが自社の収益を最優先に、IT技術者の養成や社員の成長や能力開発を謳ったものであれば、対外的な訴求効果は期待できないでしょう。それにも増して、利己的な動機のみで作られた企業理念では、お客様や社員からの理解や賛同を得られない時代に、すでに会社は突入しているのです。

ＳＤＧｓへの取り組みやエンゲージメントへの注目などの、「人と自然環境への意識の高まり」を背景に、いま企業は利益や成果主義からの経営転換を求められています。

従来の経済活動を中心とした企業のあり方に、倫理観や道義性のような社会的な意義を付加するべく、新たな価値観として登場したのが、パーパスではないでしょうか。これまでのミッション・ビジョン・バリューだけでは語りきれなかった、企業が存在することの本質的な意味が、パーパスにより具現化されたように感じます。

パーパスとは、経営者にとっては、社会的責任を問われる立場である自分自身への戒めとなり、従業員にとっては、仕事と使命をリンクするものでもあると私は考えています。

企業理念、ミッション・ビジョン・バリュー、パーパスとは何かを明確に定め、自社の存在意義を社会的課題へと連鎖させていく。それは、人と組織が、会社の方向性とゴールを共有し、数字を追うだけでは獲得できない満足感や社会への貢献意識をともに育む行為ではないでしょうか。

人は誰もが社会に貢献したいと願う気持ちを持っており、それを可能にするパーパスは、社員の自発的な行動を促し、ひいては会社の業績向上にもつながります。

ミッション・ビジョン・バリューを作る際には、その内容が社会的課題とリンクするかどうかを踏まえて、制定するのがポイントになると私は思います。

理念の創作力を高めよう

多くの会社には、明文化されているかどうかは別として、会社の核となる想いや価値観が存在すると思います。

当社は会社設立3年目に、企業理念を「和をもって成長となす」と定めました。この企業理念には、エンジニアもチームで助け合い、認め合い、高め合って、互いに成長していこうという意味が込められています。

自社の存在価値を表す企業理念やミッション・ビジョン・バリューですが、その創り方については、これまであまり語られませんでした。そこで、この項では企業理念の創作力の高め方について、当社のケースをもとに考えていきます。

企業の精神を何らかの形で明文化したい、もしくは現状の理念を改良したいと考える経営者、役職者の方々は参考にしてみてください。

企業理念の創作力を高める方法

1. 自分史を作る

企業に至るまでの過去を振り返りながら、今までの人生で感情が高ぶったり、気持ちが落ち込んだりした時期はいつであったかを、改めて見つめ直しましょう。その作業が自分のモチベーションの管理に役立ち、譲れない価値観や実現したい未来を明らかにしてくれます。

私の場合は自分史をいきなり書き出さずに、外部に依頼をしてインタビューを受けました。社内で人事部から社長にインタビューをしてもらうのも、自分の想いや価値観を引き出す面白い試みではないでしょうか。社長の立場にある方には、人の手を借りたりしながら、自分史を書きあげてほしいと思います。

また、自分史を書く過程で、企業の目指したい方向性などがある程度見えてくるかもしれません。そのような場合には、自分の考えや想いをブログで少しずつ発信したり、会社の冊子にまとめたりするなどの行動を通じて、企業理念を形にしていくのも名案です。

いずれにせよ、企業理念を創る時には、社長がその原型を決めるのが大切だと私は考えています。なぜなら、企業の代表者だからこそ、見えてくるものがあるからです。白紙の状態から皆の意見を聞いて企業理念の中身を調整しようとすると、他者に遠慮をして自分の価値観を譲ることにもなりかねません。

他人任せでは業績が悪くなった時に、後悔や他責の感情が起きる可能性もあります。理念の核となる部分だけは、社長ひとりで決定すると後々問題とならずに済みます。

社長が全責任を負って企業理念の軸を定めると、それに連なるミッション・ビジョン・バリューにも統一性が生まれます。企業理念は主に社長が、それ以外については、時間をかけて皆の意見を聞きながらまとめるのが望ましいでしょう。

2. さまざまな会社の理念、ミッション・ビジョン・バリューに触れる

色々な企業のホームページを眺め、他社の企業理念やミッション・ビジョン・バリューに触れてみるのも賢い方法です。一から創り上げようとするのではなく、お手本を探してみるつもりで他社の企業理念などを眺めると、類似した価値観に出会え、自分に合う企業理念を見つけられます。

同様に、企業理念をまとめた本や素晴らしい創業者たちの伝記を読んだりすることでも、自社の想いを表すストーリーの創り方は磨かれます。

3. 既存の格言やミッション・ビジョン・バリューを真似る、一部アレンジする

数多くの企業理念をあたっても、ピンとくる企業理念が見当たらず、これといった文言が浮かばない場合もあります。そのような時には、思い切って格言などを真似てしまうのも悪くはありません。

当社の企業理念「和をもって成長となす」も、実は聖徳太子の「和を以て貴しとなす」から一部引用したものです。

聖徳太子の言葉を拝借した企業理念ではありますが、当社には、理念に共感して入社したと言ってくれる社員が数多く存在します。ですから、真似るところからでも構わないので、企業理念を創ってみましょう。

ミッション、ビジョン、バリューに関しても、独自性にこだわりすぎずに、最初は真似から始めると、創作力を高める訓練になります。

「1.」「2.」「3.」の作業を行う過程で見出した、価値観や企業理念などをピックアップして、自社に適した内容や文章に修正を加え、できあがったものを毎日唱えてみる。その繰り返しによって、企業理念の精度は高まり、オリジナリティに発展し、自身の創作力も磨かれていきます。他にも、企業理念を発表する機会をもうけて、アウトプットを増や

すのも創作力の向上に役立つでしょう。

制定したからと言って、企業理念などの創作活動は終わりではありません。とくに、ミッション・ビジョン・バリューは実践のかたわら、現場との調整を図りながら、従業員の増加・業績の拡大などに応じて、その都度見直してアップデートしたいものです。

ボトムアップからの理念のアップデートの繰り返しが、創作力を鍛えることにもなります。組織が変わる節目を迎えたら、ミッション・ビジョン・バリューの見直しを検討してはいかがでしょうか。

カルチャーガイドを作ろう

社員へ伝えたい会社のDNAである企業理念とミッション・ビジョン・バリュー。ところが、個々の社員の解釈によっては、これらの内容が歪められる危険性があることを、前の項では説明しました。

従業員の増加による組織の階層化が進むと、経営陣の想いが社員へ伝わりにくくなるのは、どうしても避けられない事態です。だからといって、そのまま対策を講じないと、コミュニケーションの希薄化や、社員と会社の方向性のズレによる業績の悪化を招いてしまいます。

人間なら誰もが備える特性を考慮したうえで、経営者や管理職が、自社の精神を社員へ正確に伝えていくためにはどうすればよいのか。

それには、会社の軸となるメッセージを、一般の社員にも理解できるようにかみ砕いて案内する必要があるでしょう。そのためのツールとなるのが、冊子や自社ホームページでの情報発信などのカルチャーガイドです。

当社では、企業理念、行動指針、人事評価制度、守るべきルールなどの皆が共有する思想を「共通言語」と定めています。これらを内容別に掲載した冊子を作成し、システムにも「自社理解」の項目を設定し、企業文化を浸透させるための、カルチャーガイドに位置づけました。

共通言語は抽象度の高い順に、「トップランゲージ」「ミドルランゲージ」「ボトムランゲージ」と名づけ、これらを柱とした〝場〟（仮想空間）を設計したのです。仮想空間とあるのは、普段は別々の職場で働く当社社員にとって、共通言語からなる企業文化は心の拠り所（ホーム）でもあるからです。

旧来の会社の仕組みでは、社員は同じ就業場所で働き、就業時間外も同僚と一緒に過ごすような形で、社員同士の連帯を図るのが一般的でした。「同じ場所・同じメンバー」の固定化された関係性の中で、会社の精神は継承されてきたのです。

けれども、当社では「複数の場所・プロジェクトごとに変わるメンバー」との流動的な関係性のもとで、社員同士が親睦を深め、会社の精神を共有しなければなりません。そこで条件のハンディを逆手に取り、企業文化そのものを、同じ志を持つ仲間同士が共通言語で語り合い、つながりを育む〝場〟としたのです。

当社の社員は、日頃それぞれが常駐先で仕事をしており、リアルに社員同士の触れ合う機会は滅多にありません。だからこそ、絆を深める〝場〟としての、企業文化を柱とした、仮想空間を設計する意義があると考えています。

空間設計に関しては、「会社が目指す方向性や姿」をもとに、全社員が共通言語を駆使できるように、抽象的な概念を行動モデルへ置き換える作業に注力しました。他の章でも説明したように、冊子に掲げられた企業理念や行動指針はシステムにも反映させ、具体的なアクションプランとして各自が取り組めるようにしてあります。

カルチャーガイドは案内役として、数多くの社員を適切な方向へ導いています。続いて、当社の共通言語を掲載するカルチャーガイド（冊子）を公開します。

カルチャーガイド

1. トップランゲージ……従業員がゴールを目指して前を向くための言語

理念・ミッション・ビジョン・バリュー・行動指針の解説書「NetVision Hacks」現場での仕事術が網羅されておりNVS10ヶ条もこれに含まれる

2. ミドルランゲージ……従業員がゴールへ向かう途中で横に逸れ、違う方向に向かうのを防ぐ（誤った自己解釈を生ませない）ための言語

方向性・人事評価制度・研修設計の解説書「NetVisionBook3.0」会社の説明書であり、資格取得制度や給与制度も説明されている

3. ボトムランゲージ……従業員を会社（チーム）から脱落させない言語

遵守するべき自社ルールブック（会社が社員に求める最低限のルール）「NVS STANDARD」チームスポーツの考え方のもとに自社品質を守るための基準を明確化している

企業文化で形成された〝場〟の存在は、離れた場所で働く社員同士に連帯感をもたらします。そこに集う誰もが共通言語で語り合い、ともに成長を目指して行動していくことをサポートするのがカルチャーガイドです。

会社の精神を掲げるだけでは、その想いや価値観を社員と共有できません。リアル・ヴァーチャルを問わず、カルチャーガイドを用いて想いを共有する〝場〟を設計することが、企業文化を形づくるためのショートカットではないでしょうか。

行動指針が企業文化を作る

ミッション・ビジョン・バリューはもとより、企業文化などの抽象的な概念が、どれだけ社員に理解されるかは、企業側の働きかけにかかっているといっても過言ではありません。カルチャーガイドの作成や企業理念を行動指針へ落とし込みなど、より伝わりやすい形で想いを社員へ提示することで、社員の愛社精神や仲間意識は育まれます。それにつれて、自社の社風が生まれ、やがて企業文化も醸成されるのです。

ただし、企業においては、社員へ自社の価値観や精神を「伝える」行為とは、想いを言語化することに加え、その想いを社員の具体的な行動に結びつけるところまでを意味します。当社の行動指針、ＮＶＳ10ヶ条を作った当時の私は、そのことを理解してはいませんでした。

「ＮＶＳ10ヶ条を制定したので、今後はこの指針にもとづいて仕事をしましょう」と、事あるごとに私から社員へ呼びかけた時期が、1、2年は続いたでしょうか。それにもかかわらず、まったく言っていいほど、理念は浸透しなかったのです。

その後、ＮＶＳ10ヶ条を「NetVision Hacks」の冊子にまとめ、行動指針をアクションプランに落とし込んで、ようやく物事が動き出した経緯は、第3章でお伝えした通りです。

この項では、ＮＶＳ10ヶ条を取り上げ、どのように企業文化が社員に根付いていくのかを、皆さんと考えてみたいと思います。

〈ＮＶＳ10ヶ条〉
第1条 「お客様の成功に責任をもって全力を尽くします」
第2条 「価値を生み出すための技術とサービスにこだわります」
第3条 「当たり前の事を本気で行い、その積み重ねで信頼と信用を築きます」
第4条 「不安、不満を課題に変え、自ら行動し解決します」
第5条 「目標を明確に、その達成を常に意識し、最後までやり抜きます」

第6条　「優先順位を意識して取り組み、効果を最大化します」
第7条　「自分の成長に向けて果敢にチャレンジします」
第8条　「仲間の成長を手助けしたときに、自分も成長します」
第9条　「チームワークを大切に、全員で突き進みます」
第10条　「素直さと謙虚な心を忘れずに感謝の気持ちを表現します」

NVS10ヶ条は、バリューの前半、「みんなでみんなを大切にして」と、後半「日々1パーセントの成長を積み上げます」が、それぞれ意味する「チーム精神の発揮」と「自律志向」にもとづき、2つのグループに分けられます。

社員が成長するために必要な習慣と定義し、第1条、第2条、第8条、第9条、第10条は「チーム精神」を、第3条から第7条は「自律志向」を意識した内容になります。各条には、それぞれの内容に紐づけたエピソードと解説を添えて、社員の理解を促す工夫をしています。

ここで注目していただきたいのは、「チーム精神の発揮」と「自律志向」にもとづいて、各条が作成されている点です。

ＩＴエンジニアといえば、孤独に仕事をするイメージがありますが、当社では社員を心理的にひとりにさせない働き方と、チームで成果を出す仕事の実践を目指しています。「みんなでみんなを大切にして、日々１パーセントの成長を積み上げます」と、バリューにもあるように、この精神を一人ひとりの社員にも培ってもらいたいのです。

ＮＶＳ10ヶ条は当社公式ブログで連載中の、社員による社員インタビューの質問でも取り上げられています。質問項目には、「好きな行動指針（ＮＶＳ10ヶ条）は？」「社風を３つにまとめると？」などがあり、社員は質問に答える形で自分の想いを語っていきます。

たとえば、ある社員は好きな行動指針に、第８条「仲間の成長に協力し、自分も成長します」を挙げていました。その理由は「自分の行動理念にも合っている」からで、「仲間の成長を考えてチームワークを考えられるのがいい」と答えていました。

また、他のある社員は、第４条「不安、不満を課題にし、自ら行動し解決します」を常に意識していると語っていました。「これを変えたら他の方も楽になるんじゃないかなとか、ミスが減らせるのではなど、気にしながら業務を行うようにしています」と続く言葉には、企業理念の確かな浸透を感じます。

このように、行動指針による企業理念の実践は、社員の理念への理解や共感を深め、理念を意識した行動を習慣づけます。もっとも、その実現には、誰にでも理解できる行動指針を提示し、その実践を個々へ促し、自らの行動の意味を考える段階まで社員を導く、会社側の「伝える」努力が不可欠です。

行動指針を宝の持ち腐れにしないためにも、想いを「伝える」ためのひと手間の大切さを、経営者、人事担当者の方々は忘れないでほしいと思います。

ミッション・ビジョン・バリューを浸透させるコツとは

この章の冒頭から、ミッション・ビジョン・バリューの重要性について語ってきました。自社で掲げる企業理念を、社員の一人ひとりが理解して行動する。言葉にすると簡単そうに感じるかもしれませんが、企業理念を体現する難しさは、皆さんもおわかりだと思います。

とはいえ、理念が浸透しないことには、従業員エンゲージメントの向上や、業績の拡大などが達成できるはずがありません。採用ブランディングや各ステークホルダーにも影響を及ぼす、ミッション・ビジョン・バリューを社内へ浸透させるための取り組みは、企業における最重要課題なのです。

近年では、パーパス経営の名のもと、社会的意義のある企業理念の整備と、その浸透を企業側は一層求められるようになりました。

企業理念の浸透を促進するには、能力開発や人事評価制度と並行して、現場側と経営者側の架け橋となる、コミュニケーション設計を整えることが必須となります。ここでは、当社がミッション・ビジョン・バリューを浸透させるために実施している施策をご紹介します。

企業文化を浸透させるための取り組み

1．社内掲示板での情報発信（ほぼ毎日）

○ＮＶＳ10ヶ条（行動指針）・企業理念の解説
○仕事術・マインドなどの解説
○会社イベント案内
○社員インタビュー
○広報ブログ
○資格やＩＴ系ニュース

2. 冊子によるミッション・ビジョン・バリューの明文化

○理念・MVV・行動指針の解説書「NetVision Hacks」
○方向性・人事評価制度・研修設計の解説書「NetVisionBook3.0」
○遵守するべき自社ルールブック「NVS STANDARD」

3. 会議・ミーティング・研修

○月に1回　戦略会議（主に役員が本社で実施）
○週に1回　営業・採用ミーティング
○1、2週間に1回　1on1ミーティング
○新入社員研修
○2ヵ月に1回　リーダーズ研修（役職者対象）
○半年に1回　行動指針の研修（一般職対象）

4. イベントその他

○全社員総会
○親睦会

5．行動指針による企業文化の浸透

○スキルマップ「自社理解」／人事評価制度（コンピテンシー）

御社でも色々と実施されていると思いますが、当社では1～5の施策を、ミッション・ビジョン・バリューを「見える化」した共通言語をもとに実践しています。すべての施策をコミュニケーション設計と紐づけ、社員に自分事として受け入れてもらえる状態を整えているのが当社の特徴です。

ここでは取り組みの具体例として、２０２２年の6月に開催した、当社の全社員総会の内容を公開します。

この総会は創業から念願としていた、社員１００名体制達成を記念して決行しました。祝賀イベントとはいえ社員が揃う貴重な機会であることから、当日のプログラムには、NVS10ヶ条についての研修などの「学び」の要素を、ふんだんに取り入れています。中でも非日常感があり、大勢の社員に大きなインパクトを与えた、社内表彰制度を見ていきましょう。

当社の社内表彰制度は、経営者側の独断で表彰者を選ぶのではなく、社員側が表彰者を選出する点に特徴があります。

初めに幹部社員を除く全社員が、候補者としてエントリーします。次に各自が、NVS10ヶ条にもとづいた業務の実績を自己申告します。個々の実績は全社員に公開され、そのデータをもとに、それぞれが素晴らしいと評価した、他の社員へ投票する方式です。

このやり方の長所は、誰もが当事者意識を持って表彰式に参加できるところです。表彰者は、皆の前で自分の成果をアウトプットする経験を得られ、その他社員はエントリーと投票により、自分以外の社員の仕事に刺激を受け、表彰者を称える機会に恵まれます。

社員は表彰式に参加することで、NVS10ヶ条を実践した成功事例を知り、仲間の行動に心を動かされる体験を共有するのです。

このイベントの趣旨と社員に期待される変化には、次のようなものが考えられます。

1. 社内表彰式の狙い

○表彰式を通じ、仕事への情熱を掻き立て、会社・仲間への愛着を育む
○経営者側から受賞者へ、優れた実績への感謝と功績をたたえる気持ちを具体的に示す

2. 社内表彰式を行うことで社員に期待される変化

○日頃からNVS10ヶ条と業務を紐づけて行動するための意識づけがなされる
○取り組みを書くことが、自身にはアウトプット、その他社員へは成功体験のシェアとなる
○受賞者は、社員投票で選ばれた自分への誇りや自信を深め、達成感を持つ。それにより、仕事へのやる気や、仲間と会社への愛着が一層強まる
○その他社員は、受賞者の取り組みから刺激を受け、より学びが深まる。受賞者の姿を見て、「自分も表彰されたい」「ウチの会社には素晴らしい社員がいる!」など心を動かされ、仕事へのやる気や、仲間と会社への愛着が一層強まる

このように、さまざまなアプローチでNVS10ヶ条を取り上げ、社員がそれを実践する過程で、理念は少しずつ会社全体に浸透します。こうした取り組みの継続により、社員同士がつながりを感じられる〝場〟が形成されるのです。

もし枠組みのない状態で、バラバラの方向を見ながら議論や対話をしても、お互いへの信頼や、チームへの貢献意欲などは生まれにくいでしょう。

社員同士が同じ価値観のもと、コミュニケーションを重ね、それぞれの成功体験を共有

した結果として、会社の精神は受け継がれていくのだと私は思います。

企業文化を強化する1on1のポイント

多くの企業が導入している1on1（ワンオンワン）ミーティング。御社でも実施されているのではないでしょうか。

従来の人事評価面談とは異なり、部下の話を上司が傾聴する1on1は、上司と部下が対話を通して関係性を強化する手法として、近年盛んに行われるようになりました。上司による部下の成長支援を目的のひとつとする1on1は、人材育成の分野で活用されており、当社も数年前から導入しています。

ただし、1on1への取り組み方を間違えると、従業員満足度を偏重する方向へ進む危険があります。この項では、当社で実施した1on1の反省点を振り返りながら、マネジャーや人事担当者の方々など、1on1をリードする側が知っておくと役立つポイントを解説します。

ポイント1　1on1は従業員満足度を高めるための対話ではないと心得る

部下の話に耳を傾ける1on1では、上司がひたすら部下の不満や不平を聞き続けることもあるようです。当社でも、エンゲージメント・スコアの改善を目指し、マネジャーが一般社員への寄り添いに注力していた時期には、そのようなケースが多々見られました。

部下の側が一方的にガス抜きをする場と化した1on1では、本来の目的である「上司が部下の成長を支援する」ための話し合いは成立しません。そこでの会話の大半は、従業員満足度寄りの、部下本人の要望で占められるからです。

傾聴する上司にとっては、部下のすべての訴えに応えられるわけもなく、複数の部下との対話を重ねるほど、心身にダメージが蓄積します。組織全体としても若手社員の希望に沿うように動けば動くほど、悪影響が広がっていきます。

良かれと思って始めた1on1が逆効果とならないように、上司は部下の話が従業員満足度に偏る方向へ走り出していないか注意を払い、対話の内容をコントロールしましょう。

ポイント2　1on1の時間は短めに設定する　～所要時間よりも回数が肝になる

じっくりと部下の話を聞くには、長時間にわたるミーティングをしなければならない。

そう考える方もいるのではないでしょうか。当社でも1on1を導入した初期の頃には、マネジャーが一般社員の話を、2時間あまり聞くようなケースも珍しくはありませんでした。顔を合わせる機会が滅多にない部下と話し合う場合などには、このやり方にもメリットはあるでしょう。それでも、業務にしわ寄せが出たり、上司の疲労が増したりする場合には、長時間の1on1ではデメリットが遥かに上回ります。

当社では、1回の1on1にかける時間は15分と決めています。部署や仕事の繁忙期などにもよりますが、大体1週間に1度、もしくは2週間に1度の割合で、1回15分の1on1を実施しています。話が長引くようであれば、次回の日程を調整して対応してもらい、原則として1回15分で終了としています。

日頃のコミュニケーションが良好な場合は、上司と部下との信頼関係の強化や、部下への適切な支援の実行には、状況に応じて1on1の回数を増やすほうが効果的だと思います。対象者との接触頻度が多くなると相手への親近感が増す、「ザイオンス効果」（単純接触効果）を考慮しても、時間よりも回数を優先すると良い結果が出そうです。

他に、話し合いが長時間に及ぶ場合は、普段から上司と部下とのコミュニケーションに何かしらの問題がある可能性も考えられます。そのような状況では1on1にこだわらず、他の方法での部下へのサポートも検討してください。

ポイント3　1on1のフレームワークを作り、それにのっとり対話する

当社は、ルールを決めずに1on1を導入した結果、マネジャー層の離職や、一般社員の成長意欲の低下などを招きました。この痛い経験から学んだのは、1on1を実りあるものとするためには、フレームワークが必要だということです。

枠組みやルールを決めないまま取り組んでも、徒労に終わる可能性が高くなります。1on1を自社へ導入する際には、フレームワークの設計を忘れないようにしてください。

現在1on1に取り組んでいるけれども、うまく機能していない場合は、当社の事例を参考に、フレームワークの設計を検討されてはいかがでしょうか。

当社のフレームワークは、書籍『対話型マネジャー　部下のポテンシャルを引き出す最強育成術』（世古詞一　日本能率協会マネジメントセンター　2020）をもとに設計しました。社員にはこのフレームワークにのっとり、1on1に臨んでもらっています。

では、1on1の実施内容とその進行を、上司の視点から簡単に解説してみましょう。

当社では、上司が部下へヒアリングする内容を、業務レベル（成果）、個人レベル（成長）、

組織レベル（共感）の3段階と、過去・現在・未来の3つの時間軸で分類しています。部下の状況に応じて、上司は合計9個ある内容から話題を選び、対話を進めます。

上司から部下への問いかけは、業務レベルから始まり、個人の成長に移り、最後に組織の成長について、順に話を聞いていくスタイルが一般的です。

上司はいきなり組織レベルの内容に触れるのではなく、まずは部下の業務や個人の成長にまつわる、悩みや喜びに耳を傾けます。本人が十分に語り終えたのを見計らい、組織レベルの話を持ちだすのが、有意義な対話を行うポイントです。

1回の1on1でどこまで深い内容に到達できるかは、上司と部下との関係性や、部下の状態が関係します。3段階までの内容を聞き取れる時もあれば、業務レベルで時間が終わる時もあるなど、その進み具合は本人次第で変わるといえます。

各段階で上司から部下へヒアリングする内容は、過去→現在→未来の順序で進めます。たとえば、業務レベル（成果）であれば、部下とともに過去の業務の振り返りを行い、次に現在の業務に対する悩みや不安を聞き取ります。そして、最後に未来に向けて「どう業務を改善していきたいか」と質問を投げかけるような流れです。

図⑱の個人レベル（成長）の段階を見ると、過去の時間軸に、パーソナリティとあります。部下に昔の話をしてもらい、本人と上司との距離を縮め、信頼関係を深めてもらうことを狙って、この項目を設けました。

組織レベル（共感）では、過去の時間軸の項目に、理念・制度・カルチャーを当てはめています。上司と部下とが冊子を用いて、ミッション・ビジョン・バリューについて語り合い、掘り下げていく時間を想定しています。

以上が、当社で行う1 on 1の大まかな流れになります。

実際に1 on 1を実施してみると、組織レベルで未来の項目にある、組織方針についての対話まで到達するのは、現実的には難しい面もあります。上司は部下の業務に対する不安や、ライフスタイルなどの話を聞くばかりで、組織レベルの話には進めないと焦ることもあるでしょう。

それでも、1 on 1の回数を重ねていくうちに、上司と部下の双方が、より広い視点からの話し合いをできるようになります。ですから、上司は部下との信頼関係を築くことを最優先に考え、部下本人の成長を見守るように心がけていただきたいと思います。

図⑱ 〈1on1のフレームワーク〉

	過去	現在	未来
組織レベル（共感） 主に上司がもっている情報を部下に伝え、組織の方向性に共感してもらうことが焦点	**理念・制度・カルチャー** 組織の理念や制度など、その歴史やカルチャーをテーマにして対話。 組織の成り立ちやビジョン、価値観など組織のWHY（目指すもの）まで掘り下げて話すことで「なぜこういう制度があるのか」「なぜこのような理念なのか」といった組織の考え方や哲学について部下との相互理解を深める。	**人間関係** 現在の組織の幹部やチームメンバー、上司自身の状況をテーマに対話。 部下を取り巻く人間関係や上司自身の状況を理解してもらうことでチーム全体の認識の食い違いをなくして、部下の視野を広げる。	**組織方針** 今後の組織方針や全体進捗など、上位階層で行われている議論や問題意識をテーマに対話。 部下が組織とのつながりを意識して視野を広げ業務に意味を見出してもらう。
個人レベル（成長） 個人の成長が対話の焦点	**パーソナリティ** 過去において部下が培ってきたパーソナリティをテーマにして対話。 生まれながらに持つ気質や性格、また後天的に身につけた能力や強み、弱みといった、その人の思考や行動パターンを形成するもの。対話によって部下が自分のパーソナリティを自覚することを後押しし、次のアクションの策定を促す。	**ライフスタイル** 現在の部下のライフスタイルをテーマに対話。 健康面や趣味、家族のこと、ライフワークなど、部下の人生や生活全般の事柄や考え方。雑談的なニュアンスが強くなるが、上司と部下の相互理解に繋げるため。	**将来キャリア** 未来のキャリアをテーマに対話。 将来への道筋を一緒に考えることで、部下が迷いなく業務に集中できる状態をつくる。
業務レベル（成果） 業務における成果や効率が対話の焦点	**振り返り** 過去に実施してきた業務の振り返りをテーマに対話。 振り返りを通して部下にいかに語ってもらい内省を促していけるか。	**業務不安** 現在の、部下の抱えている業務不安についての解消や解決。 顕在化している不安はもちろん、潜在的に抱えているモヤモヤについても具現化。	**業務改善** 将来に向けて、業務の効率化や改善、また未来の業務をテーマに対話。 対話を通して、業務仕組み改善、部下の業務習熟に向けての情報共有やアウトプットを引き出す。

出所：『部下のポテンシャルを引き出す最強育成術　対話型マネージャー』をもとに作成

1on1を質の高い対話にできるかどうかは、フレームワーク次第です。何をどのように話し合うかを、誰もが理解できる形でルール化しておくのが、上司と部下の双方が、有意義な時間を過ごすための最も重要なポイントになるでしょう。

小さな会社こそ、仕事の意義を連鎖させよう

ところで、皆さんは仕事の意義について、考える機会はありますか。

仕事の意義とは何かを考えさせられる話が、書籍『NINE LIES ABOUT WORK 仕事に関する9つの嘘』（マーカス・バッキンガム、アシュリー・グッドール　サンマーク出版　2020）に登場します。その興味深い内容を、ここでご紹介します。

著者によると、アメリカのタクシー会社では乗務員に1日の売上目標を課しており、運転手は、売上の達成を最優先で仕事をしているそうです。そのため、たとえ稼ぎ時の雨の日で、タクシー待ちの行列が並んでいても、その日の売上目標を達成した時点で、運転手は仕事を終えるといいます。

仮に、その光景に皆さんが出くわしたら、空車を求める人々を気にもとめない運転手の態度に驚き、「稼ぎ時なのにもったいない」と、不思議に思うのではないでしょうか。

そのような現象の起きる理由は、タクシー運転手たちが仕事で最も重視する点が、会社から課せられたノルマの消化だからです。「乗客を目的地へ安全に送り届ける」「交通手段がなくて困っている人々を助ける」といった使命感を感じていたら、彼らの取った行動は、180度違ったものとなるでしょう。

会社の業績向上には、個々の社員が設定した目標をクリアし、生産性を高めることが大切だとよく言われますが、このエピソードを見る限り、必ずしもその限りではありません。著者は本文中で、会社が課した目標を達成しなければというプレッシャーは、自分で課した目標へのプレッシャーとは異なり、金銭的な不正を招く恐れもあると指摘しています。数字だけに拘る働き方の悪いエビデンスは他にも紹介されており、真の意味で組織の生産性を高めるには、その仕事の意義を社員に知らしめる必要があると締めくくっています。

〈「意味」と「目的」がわかれば人は動く〉と語る著者の考えに、私は全面的に賛同します。なぜなら、私自身が自分の携わってきた仕事の価値を、社員へ伝えているからです。

新卒で入社したNTT東日本で、私は2000年当時には非常に珍しかったテレビ電話を販売しました。他県で離れて暮らす、お孫さんの顔を見たいとおっしゃった、祖父にあたるお客様がご購入くださったのです。

テレビ電話の開通時には私も同席しました。お孫さんとの通話を始めた瞬間に、その方が見せられた笑顔は、今でも忘れられません。通信ネットワークの素晴らしさと、人と人をつなぐ技術である、ＩＴの担う社会的な意義を実感した出来事でした。

私がＩＴ業界で、22年間働き続けられたのには、この経験が深く影響しているのは間違いありません。この時に感じた想いが、当社のミッション・ビジョン・バリューに色濃く反映しています。

長い前置きから本題へ入りますが、昨年当社では社員１００人達成の祝賀イベントを開催しました。前の項でもお話ししたように、全社員総会では研修や表彰式を行い、その他にＯＢ（退職した社員）の方々から寄せられたビデオレターを、社員一同で視聴しました。

懐かしい面々とビデオ画面での再会を果たした私は、彼らの語るメッセージを聞きながら、私は改めて仕事の意義の連鎖について想いを巡らせたのです。

新たな挑戦を求めて当社から羽ばたいたあるＯＢの方は、次の会社でも、ＮＶＳ10ヶ条にもとづいて業務を行い、問題を解決できたと報告してくれました。また、一部上場企業へ転職した他のOBの方も、当社の仕事術を使って社内で表彰されたと語ってくれました。どのOBの方にも共通したのは、当社のミッション、「ITインフラは社会インフラ、それを支える使命感を持って成長し続けます」が、いまも彼らの心で息づいていることです。

OBの方々からのメッセージに感動したのは、私だけではありませんでした。社員も大いに刺激を受けたようで、総会終了後のアンケートには、会社の未来とITインフラの将来を見据えた、建設的な意見が書かれていました。

「ITエンジニアをもっと輩出して、業界の人材不足を解消したい」「自分が受けた教育内容を他社の社員さんへも教えたい」「NVSの品質をIT業界のスタンダードとして広めたい」

社員100名突破で終わりじゃない、ここから始まるんだ、といった意気込みを感じる数多くの言葉が、回答欄からはみ出す勢いで並んでいました。

アンケートからは、一人ひとりの社員が仕事の意義を捉えているのが伝わりました。自社と業界全体の成長を、自分自身の目標に掲げる社員のコメントには、逆に驚いたくらいです。

いつのまにか私の想いは皆の願いへ形を変え、社内外の仲間へ受け継がれていたのです。

自社の利益のみを追求する、組織の中で閉じた企業理念は、人がその会社から離れた途端に無用なものになります。社会的な意義を持たない理念では、人はそれを遂行するための「意味」と「目的」を見出せないからです。

けれども、パーパスを備えた企業理念は、組織と人との関係性が変わっても、価値を保ちます。それどころか、社会的意義を持つ企業理念は、会社の枠組みを越えて外の世界へと広がり、志を同じくする者同士を結びつける〝場〟の役割を果たします。

とくに同じ業界においては、社会的な課題はどの会社にも共通するため、開かれた組織のDNAは、さまざまな人を介して、より広いフィールドへ伝搬されます。

会社の規模と、その影響力とは、決してイコールではないのです。

会社の使命を自分事として理解できると、社員は自分の業務に価値を認め、社会貢献への意識に目覚めていくのではないでしょうか。

自社で働くことへの誇りと使命感を持ち、社員が業務にまい進できるように、小さな会社こそ、仕事の意義を伝えていくべきだと私は思います。

無形資産を磨くことが企業価値を高める

近年、企業価値を測る因子として、有形資産よりも無形資産に重点が置かれています。その一方で、国の政策会議の公開文書「知財・無形資産の投資・活用戦略の開示及びガイドライン」によると、世界の企業に比べ、日本企業の無形資産への投資は積極的ではありません。

その理由には、無形資産への投資は短期的には費用対効果が見えにくく、経営面では「コスト」とみなされ、投資回収の見込みが立てにくいためだと述べられています。このデータからは、研究開発や人材育成のような無形資産へ投資しても、確実に成果が上がる訳ではないから止めておこうとでもいうような、企業側の諦めの気持ちが読み取れるようです。

確かに、巨額の研究費や人材育成費を投じても、研究が失敗に終わったり、思うように人が育たなかったりするようなケースも考えられるでしょう。育て上げた人材の離職によって、それまでの成果が0になる可能性も考慮すると、無形資産を増やすための取り組みに、企業が本腰を入れないのは妥当な判断なのかもしれません。

けれども、私はこれまでお伝えしたように、「人」ではなく「システム」に着目した無形資産への投資を行えば、これらの課題は解決するのではないかと考えています。

近頃当社では、NVS10ヶ条を各自の仕事の現場に合うようにアレンジした、独自の行動指針を作り始めるという現象が、部署やプロジェクト単位で発生しています。

ある部署の部長が、派遣先でリーダーになるためのチェックリストを作り始めたのが、この現象の発端でした。部長が作成した行動指針を、メンバーに共有するという形で始まったスキルの伝承は、今では他の部署やプロジェクトに従事する社員にも広がっています。

スキルマップに標準設定された行動指針にプラス、その現場で実践したい行動指針の組み合わせには、派遣先やプロジェクトの内容によって、さまざまなバリエーションが派生します。これらは、当社オリジナルのスキルマップであり、各現場で活用できる仕事術として、個々にシステムへ格納されて当社の貴重な無形資産となっています。

社員が自分の仕事の最適化を考え、既存の行動指針のさらに上を行くものを作り、その成果を皆と共有する。

そこに見られる行動は、まさに当社の企業理念を体現するものです。加えて、新たに編み出されたスキルもまた、コンテンツとしての高い価値を備えています。

社員への企業理念の浸透と無形資産の蓄積をともに叶えるこの現象を、私は大変嬉しく受け止めています。

ＩＴ業界においては、オリジナルのスキルは、自社ならではの知的財産に数えられます。これらを、システムに落とし込むことでその再現性は飛躍的に高まり、たとえリーダーが不在でも、どの社員でも一定水準以上の業務の遂行が可能となります。

そのうえ、これまでの属人的な仕組みのもとで培われてきた無形資産とは異なり、システム化された無形資産は、人が会社を去ったとしても、そこへ残り価値を高めていくのです。

当社はシステムの力も活用して、企業理念の浸透に努めてきました。人に依存したマネジメントから、システムを併用するマネジメントに切り替えた結果、システムを越えて、人間ならではの工夫や仲間への思いやりから生まれたスキルが誕生しました。私はこの事実に、「人」と「システム」が共同する、新たな働き方の可能性を感じています。

人とシステムの力で、会社の無形資産を磨いていく。

労働人口の減少を叫ばれるいま、システムを活用した企業価値を高める取り組みが、企業の成長と存続を持続させるための新しい解決策となる日も、そう遠くないかもしれません。

エピローグ

「人」とシステムを融合する

私が起業を決意した背景には、大学院卒業前に遭遇した出来事が関連しています。当時20歳の大学生だった4歳下の弟が、サッカーの練習中に突然亡くなったのです。

それまでの人生の中で最も辛い別れに、しばらくの間、放心状態で過ごす日々が続きました。人生では、誰も予想できないことが起きる時もある、人の持ち時間は限られている、と知らされたのです。

何がきっかけだったのかは記憶していませんが、亡くなった弟とは学生時代に、「いつか一緒に会社をやろうな」と語り合っていました。そう弟に呼びかけた場面が、弟の死後も、いくども脳裏に蘇りました。

ネットワークエンジニアとして働きだしてからも、弟と交わした会話は忘れられず、30歳を目前に、私は改めて自分のキャリアプランについて考えたのです。

人生は一度きり。だからこそ、どうしても起業にチャレンジしたい。

独立起業への想いは、年々強くなっていました。それだったら今やるしかない、時間は限られているのだから、と会社を退職しようと決心したのです。

その当時、たまたま手に取ったのが『ビジョナリー・カンパニー　時代を超える生存の原則』（ジム・コリンズ　日経ＢＰ　１９９５）でした。そして、この本が、私の決意を後押ししてくれたのです。

ビジョナリー・カンパニーとは、「時代を超えて生存する企業」を意味し、未来志向で先見的な企業のあり方を表します。本文には「企業そのものが究極の作品である」といった名言が連なり、私は彼の思想に引き込まれました。ここに、本文を引用してみます。

『重要な点はビジョナリー・カンパニーが組織であることだ。個人としての指導者は、いかにカリスマ性があっても、いかに優れたビジョンを持っていても、いつかはこの世を去る。先進的な商品やサービスといった「すばらしいアイデア」も、すべて、やがては時代遅れになる。しがし、ビジョナリー・カンパニーは、商品のライフ・サイクルを超え、優れた指導者が活躍できる期間を超えて、ずっと繁栄し続ける』

出所：『ビジョナリー・カンパニー　時代を超える生存の原則』

すなわち、どんな商品を作るかより、どんな会社を作るか。そして、その会社を最高傑作にすることが重要だと教えてくれます。

会社は、作った自分が亡くなっても永続していく。

それは、人にたとえるなら〝不老不死〟のような状態といえます。

私は身内の死に直面しただけに、このことを魅力的に感じました。自分の遺伝子が、ずっと未来の世代まで続いていくイメージが頭に浮かび、それを実現できたらすごいな、と感激したのです。

弟の死と1冊の本との出合いを契機に、私は会社を経営することになります。

本書で繰り返し語ったように、組織を築いていく過程では、さまざまな課題に直面しました。とくに社員の離職という大きな問題と対峙してからは、従業員エンゲージメントにもとづき、これまで述べたような組織の改善を続けてきました。

当初は、「人」の問題は「人」で解決するとの発想で改善に努めました。しかし、従来のマネジメン手法を進める渦中で、片方の立場の人間を支援すると、逆の立場の人間が疲弊してしまうジレンマに陥ったのは、ご存じの通りです。

その背景には、働き方改革・リモート化・大転職時代・人的資本経営・健康経営など、これまで以上に企業を取り巻く制約・条件が高まったのが、大きな要因として挙げられます。

本書で登場した外資系コンサルティング会社、ウイリス・タワーズワトソンの米国におけるグローバルリサーチ部門は、従業員の意識と業績成長との関係について、40年以上にわたり調査研究を続けています。

その調査結果によると、現地時点においては将来的な企業の業績成長と最も強い関係性を持つのは、従業員エンゲージメントの進化系である、「持続可能なエンゲージメント」であることが明らかになりました。諸外国の先進企業が注目する経営指針は、従業員エンゲージメントから持続可能なエンゲージメントへシフトしているのです。

この流れには、もっともな理由があります。

「人」の組織に対する理解、共感、貢献意欲があっても、生産的に働けない環境や、あまりに高い労働負荷とプレッシャーのもとでは、個人のエンゲージメントは持続しません。従来の従業員エンゲージメントに加えて、持続可能なエンゲージメントがなければ、従業員が中長期的にやる気を維持して、高い成果を上げていくのは不可能なのです。

では、持続可能なエンゲージメントに必要とされる要素は何かといえば、既出『日本企業がエンゲージメント経営を実践する5つの要諦（DIAMOND ハーバード・ビジネス・レビュー論文』では、次のように定義されています。

生産性が高く、柔軟に働ける環境＝可能な環境
心身ともに健康な状態（健全な勤労状態）＝「活力」

これらの要素の両立した状態が、持続的なエンゲージメントにつながるのです。

大企業にならい中小企業においても、限られたリソースと時間をものともせずに、社員の帰属意識、成長、健康へ配慮した経営の実践を求められています。

かといって、社会から課せられた過剰なプレッシャーのもとで慢性的な課題を解決しよ

うにも、もはや「人」だけで改善できるレベルの限界を越えています。私は、「人」が組織から卒業すると、そのノウハウもともに失われてしまうような現状に矛盾を感じ、会社の成長が減速することへの問題意識を抱くようになりました。

そのような状況で『ビジョナリー・カンパニー2　飛躍の法則』（ジム・コリンズ　日経BP　2001）を読み返し、「ひとではなくシステムを管理する」と記された章タイトルに惹きつけられました。そこには、私が模索していた組織のあり方が描かれていたのです。

『飛躍した企業とは、はっきりとした制約ある一貫したシステムを構築していくと同時に、システムの枠組みの中で、従業員に自由と責任を与えている。みずから規律を守るので管理の必要のない人たちを雇い、人間ではなく、システムを管理している』

出所：『ビジョナリー・カンパニー2　飛躍の法則』

本文中には、日本のメンバーシップ型雇用にのっとるマネジメントに行きづまりを感じていた自分にとって、画期的ともいえる内容が展開していました。

私は経営学者、田坂広志氏の語られた次の言葉が好きです。

『人生において、「成功」は約束されていない。しかし、人生において、「成長」は約束されている』

会社経営においては、「人」だけではなく、「システム」の成長、ひいては会社の成長も約束できるのではないか。

「人」と「システム」の成長を叶えることが自分にとっての最高の作品づくりになる、と改めて気づきを得た私は、経営方針を転換したのです。

もし大海原で航路を変更しようと一気に舵を切ったら、たちまち船は転覆するでしょう。それと同様に会社でも、いきなり経営方針を刷新すると、さまざまなハレーションが生まれます。

最初から大胆な行動に出なくとも、小さなトリムタブ（方向舵）が大きな舵を動かして船の進路を緩やかに変えるように、組織も1歩ずつ改革への歩みを進められます。

実際に当社も書籍に書かれた内容を咀嚼して、ひとつずつシステムや制度などを改善し、「人」だけのマネジメントから脱却して、「仕組み」を推進してきました。そして、気づいた時には、従業員エンゲージメントのスコアで、最大偏差値71・5を獲得するところまでに到達していたのです。
当社のトリムタブとなったのが、スキルマネジメントであることを、私は強く確信しています。

システムによる「仕組み」が構築できれば、万が一社長や役員が変わろうとも、組織の運営は可能となります。システム自体が利益を生む源泉となるため、会社の無形資産のひとつに数えられるのではないでしょうか。
とくに成長環境をシステム化していくことは、会社の業績の最大化を実現します。それは、「人」に頼る経営、マネジメントからの脱却を可能にするのです。

人と組織の成長を、無理のない形で促すためのトリムタブは、混とんとした未来へ出航する推進力となります。

スキルマネジメントを活用して継続的に課題の改善を進め、システムを自社の唯一無二の無形資産へ育て、御社の永続的な会社作りの一助にしていただけますと幸いです。そして、従業員の皆さんが、ご自身のキャリアビジョンの実現に向けて、活き活きと成長し続けられれば、これ以上に幸せなことはありません。

最後に、本書は、会社の成長を支えてくれた社員をはじめ、多くの方々のご協力、ご支援のもと、書き上げることができました。皆様に心より感謝申し上げます。

そして、人生の時間には限りがあると気づかせ、いつも見守ってくれている20歳で他界した弟に、感謝を込めて本書を捧げます。

２０２３年１月吉日

著者

最後までお読みいただきまして、ありがとうございます。

読者特典

スキルマネジメント

エッセンシャル版

スキルマネジメントのエッセンスを

コンパクトにまとめました

↓↓↓

https://skillty.jp/skillmanagement

［著者略歴］

中塚敏明（なかつか・としあき）

スキルティ株式会社 代表取締役社長

1976年生まれ。1998年武蔵工業大学（現 東京都市大学）電気電子工学科卒業後、同大学院へ進学。修了後、東日本電信電話株式会社（NTT東日本）入社。法人営業本部にて、超大手企業の様々なネットワークインテグレーションを手がける。2011年「ビジョナリーカンパニーを作りたい」との思いのもと、ネットビジョンシステムズ株式会社を設立。2016年「世の中の繋がるを支えるため、ITインフラエンジニアを輩出し続ける」ビジョンを掲げ、ネットワークエンジニアの養成スクールを開校。若い世代のエンジニア育成に取り組む中で、成長環境を整えれば組織力が高まるだけでなく、従業員エンゲージメントが劇的に向上することに気づき、能力開発をマネジメントするスキルマネジメントシステム『skillty』を考案・開発。リンクアンドモチベーション社の従業員エンゲージメント診断・サーベイクラウド国内市場No.1のモチベーションクラウドにて、従業員エンゲージメント上位2%となる組織偏差値70を超え、同業種同規模ランキングNo.1の称号を得る。2022年スキルティ株式会社を設立、代表取締役社長に就任。中小・ベンチャー企業の従業員エンゲージメントと人材育成を底上げするために、スキルマネジメントの普及に注力。

従業員《じゅうぎょういん》エンゲージメントを仕《し》組《く》み化《か》する

スキルマネジメント

2023年２月１日　初版発行
2023年６月30日　第5刷発行

著　者　　中塚 敏明

発行者　　小早川幸一郎

発　行　　株式会社クロスメディア・パブリッシング
〒151-0051 東京都渋谷区千駄ヶ谷4-20-3 東栄神宮外苑ビル
https://www.cm-publishing.co.jp
◎本の内容に関するお問い合わせ先：TEL（03）5413-3140／FAX（03）5413-3141

発　売　　株式会社インプレス
〒101-0051 東京都千代田区神田神保町一丁目105番地
◎乱丁本・落丁本などのお問い合わせ先：FAX（03）6837-5023
service@impress.co.jp
※古書店で購入されたものについてはお取り替えできません

印刷・製本　　株式会社シナノ

　ISBN 978-4-295-40794-2　C2034